Félix Lope de Vega y Carpio

La villana de Getafe

Barcelona **2024**
Linkgua-ediciones.com

Créditos

Título original: La villana de Getafe.

© 2024, Red ediciones S.L.

e-mail: info@red-ediciones.com

Diseño de cubierta: Michel Mallard.

ISBN tapa dura: 978-84-1126-364-1.
ISBN rústica: 978-84-9816-200-4.
ISBN ebook: 978-84-9897-731-8.

Sumario

Brevísima presentación

La vida

Félix Lope de Vega y Carpio (Madrid, 1562-Madrid, 1635). España.

Nació en una familia modesta, estudió con los jesuitas y no terminó la universidad en Alcalá de Henares, parece que por asuntos amorosos. Tras su ruptura con Elena Osorio (Filis en sus poemas), su gran amor de juventud, Lope escribió libelos contra la familia de ésta. Por ello fue procesado y desterrado en 1588, año en que se casó con Isabel de Urbina (Belisa).

Pasó los dos primeros años en Valencia, y luego en Alba de Tormes, al servicio del duque de Alba. En 1594, tras fallecer su esposa y su hija, fue perdonado y volvió a Madrid.

Entonces era uno de los autores más populares y aclamados de la Corte. La desgracia marcó sus últimos años: Marta de Nevares una de sus últimas amantes quedó ciega en 1625, perdió la razón y murió en 1632. También murió su hijo Lope Félix. La soledad, el sufrimiento, la enfermedad, o los problemas económicos no le impidieron escribir.

Dirigida a don Francisco López de Aguilar

Júntanse a concilio poético ciertos que hablan siempre en versos, y deben de saber hacerlos, aunque quien esto sabe, pocas veces habla en ellos, que cuando los dueños andan a buscar quien se los oiga, no pienso que arguye buena opinión, que anda siempre fuera de la persona, y muchas leguas de la propia conversación. Y en esta junta, o digamos Ateniense Liceo, llegó un soneto mío al rayo de aquel generoso caballero, tan desdichado como ilustre, que decía así:

> Venerable a los montes laurel fuera
> Júpiter servador, tu sacra encina,
> si tu mano feroz la sierpe trina
> en su tronante origen suspendiera.
> Cuando el temor humano considera
> tal vez inmoble la piedad divina,
> teme la majestad, porque imagina
> preciso el orden de la eterna esfera.
> ¿Por qué de un árbol siempre duro hiciste
> defensa al cielo, ¡oh tú!, que su horizonte
> bañado en esplendor trémulo viste?
> ¡Ay, decreto fatal!, en todo un monte
> blanco a las flechas de sus iras fuiste,
> y siendo Endimión, mueres Faetonte.

Aunque este no sea su propio lugar, y más parezca carta de defensa que dedicatoria de una fábula, en tanta amistad, en tanto amor, y escribiendo a ingenio tan conocidamente docto, no cae fuera de su lugar satisfacer brevemente a las objeciones propuestas, aunque si en esto he de mirar, teniendo tanto escrito, corta fuera mi vida, puesto que la igualara el cielo con la de aquellos hombres en cuyo siglo habla menos poetas, pero más sabios.
A Júpiter llamaron servator, consagrándole la encina por el primero sustento del mundo, Jovis arbore, y sacra Jovi, dijo Ovidio; amica Jovi, Valerio Flaco; y Claudiano y Alciato en una emblema: Grata Jovi est quercus qui nos servat

fovetque. Pero si no esta la dificultad en esto, y les enfada haber llamado al rayo de Júpiter sierpe trina, porque usan tanto de sierpe de cristal para las aguas, debe de ser este elemento más común por la tierra, con que le mezclan como junta de dos ceras los astrólogos, que el fuego elementar no todos le alcanzan de vista, por fácil que nos le enseñen los Metheoros de Aristóteles; llamarla trina, siendo de tres puntas, ¿qué dificultad tienen? Trisulci fulminis, dijo Séneca de los antiguos; y Policiano, de los modernos: Trifidum fulmen; y por la misma razón Baptista Pío de Neptuno: Trifido tridenti; y Claudiano: Cuspis trifida; y Ovidio en la muerte de Faetón por el rayo:

Naiades Hesperiae trifida y fumantia flamma
corpora dant tumulo.

Pero no les parecerá que es lo mismo que trino, de quien usaron César, Cicerón y Suetonio.

Si Endimión fue cazador, ¿por qué se contentan, por calumnia, de que haya sido astrólogo? Valerio le llama: Lathmius venator; Reusnerio: Errantem sylvis Endimiona; Ovidio: Lathmius Endimion, y aquellos versos:

Lathmius aestiva residet venator in umbra,
dignus amore Dee.

Natal Comite, en su Mitheologia, da la culpa de los amores de la Luna, porque: ad lunae lumen venaretur; de donde le nació para su astrología el observarla, y decir Pausanias que tuvo de la misma diosa cincuenta hijos, habiéndolo él sido de Ethleo y de Calices. Finalmente, no olvidaron esta opinión después de todos Fausto Sabeo, Vespasiano Estroza, y el Sanazaro, y todo el soneto junto se entiende ansí: don Miguel de Guzmán era cazador, andaba por los montes, no se hizo hijo del Sol, aunque pudiera, siéndolo del duque de Medina Sidonia, pues ¿cómo le mata Júpiter con su rayo, si fue solo Endimión por las selvas, y no por el cielo Faetonte?». V. M. no se canse en su defensa, sino reciba en su servicio y protección esta fábula, mientras sale a luz con su nombre la Filomena, con más digno estilo de su alto ingenio, aunque también desigual a sus merecimientos y mis deseos. Dios guarde a V. M.

Su capellán,
Lope de Vega Carpio

(Representola Valdés)

Personajes

Doña Ana
Pedro, estudiante
Inés, labradora
Carretero
Martínez, estudiante
Pascuala, labradora
Don Pedro, caballero
Bartolomé, labrador
Fabricio, criado
Hernando, labrador
Leonelo, criado
Don Félix, caballero
Lucio, criado
Lope, su criado
Julia, criada
Doña Beatriz
Urbano, viejo
Ramírez, escudero
Fulgencio, viejo
Ruiz y Zamora, caminantes
Doña Elena, dama
Salgado, estudiante
Mendoza, criado
Escudero
Ramón
Cabrera y Ribas, criados

Jornada primera

(Sale doña Ana, dama; don Félix, y Lope, lacayo.)

Doña Ana	¿A Sevilla vas, en fin?
Don Félix	En fin, a Sevilla voy, solo a procurar mi fin.
Lope	Mientras con la yegua estoy, di que me tenga el rocín.

5

Doña Ana	¿Ya te vendrán a llamar, y ahora acabas de entrar? ¿Qué hay, Lope?
Lope	Dejé a la puerta, por verte...
Doña Ana	¡Hallárasme muerta!
Lope	El caminante ajuar: maleta, portamanteo, rocín, fieltro y guardasol.

10

Don Félix	Que nos ha de ofender creo, si aquí dejamos el Sol; más que el calor, el deseo los ojos han de llover: el fieltro puedes llevar.

15

Doña Ana	¡Buen modo de encarecer!
Lope	Si tanto piensas llorar,

fieltro será menester.   20

| Doña Ana | Si aquí te partes llorando,
¿qué harás cuando estés ausente? |

Don Félix   Morir, doña Ana, pensando
quien queda en Madrid presente
tu gusto solicitando.   25
   ¡Ay de quien se va a Sevilla
a negocios de un indiano,
adonde por maravilla
vendrá una carta a mi mano!
Ni tú querrás escribilla,   30
   y yo, triste, en dolor tanto,
con soledades del gusto
que con matrimonio santo
pensé gozar, como es justo,
cansaré el cielo con llanto.   35
   Yo aseguro que en partiendo,
de don Pedro los servicios
solicitando, escribiendo
y dando de amor indicios,
le dan lo que yo pretendo;   40
   que como el que ya murió
no puede volver por sí
contra aquel que le ofendió,
no podré volver por mí,
que ausente y muerto soy yo.   45

Doña Ana   Don Félix, si a tu partida
no muestro más sentimiento,
es porque estoy ofendida;
y hace mal tu pensamiento,
si allá me llevas la vida,   50

Sin imaginar que en mí
hay potencias, ni sentidos,
todo lo llevas en ti:
ojos, manos, gusto, oídos;
sombra soy, no soy quien fui.   55
　La voluntad en mi amor,
la memoria en tu deseo,
que ausente será mejor,
que el Sol que en partirte veo
crece la sombra al temor;   60
　pues ya de mi entendimiento
¿qué te puedo yo decir?
Dirás que es falso argumento,
si apenas para sentir
me ha de quedar sentimiento.   65
　Deja de don Pedro celos,
que en tanto que por tu parte
aseguras mis recelos,
no han hecho para olvidarte
talle ni ingenio los cielos.   70
　Cúmpleme ausente la fe
que de ser mío me has dado.

Don Félix　　　　Como parto volveré,
pues ya voy asegurado
de que firme te hallaré.   75
　Daré priesa, por volver,
doña Ana, a casar contigo,
a lo que llevo que hacer.

Doña Ana　　　　¿Cumpliraslo?

Don Félix　　　　　　　　En lo que digo,
¿qué duda puedes poner,   80

| | sin ofender tu valor? | |
| | ¡Mil años te guarde el cielo! | |

Doña Ana	No agravies, Félix, mi amor;	
	y pues de ausencia el consuelo	
	y la obligación mayor	85
	es escribir el ausente	
	al que deja, lo que siente,	
	no venga a Madrid correo	
	sin nuevas de tu deseo	
	y que tu salud me cuente.	90

| Don Félix | Tú lo verás. | |

| Doña Ana | Dios te guarde. | |

| Don Félix | Partamos, Lope, que es tarde. | |

| Doña Ana | Lope. | |

| Lope | Señora. | |

| Doña Ana | Oye. | |

| Lope | Di. | |

Doña Ana	Don Félix parte de aquí;	
	yo quedo, y quedo cobarde.	95
	Hazme un bien.	

| Lope | Pide segura. | |

| Doña Ana | De acordarle mi deseo; | |
| | y si vieres por ventura | |

que trata de nuevo empleo,
ciego de alguna hermosura,   100
  ríñele, estorba, desvía
que no se llegue a mi ofensa;
que te prometo aquel día
que llegues...

Lope   Detente y piensa,   105
señora, la lealtad mía.
  Soy hidalgo, aunque lacayo,
y puedo, en lo que es firmeza,
ser peñasco de Moncayo.

Doña Ana   Lope, una limpia belleza
del más firme ausente es rayo.   110
  Dícenme que hay en Sevilla
hermosuras con tal brío
que exceden las de Castilla;
¡pues la ocasión de aquel río
y de aquella verde orilla!   115
  ¡Ay, Lope! Si en algún barco
les juntare la ocasión,
detén al Amor el arco.

Lope   Tú verás mi obligación,
si camino o si me embarco.   120
  ¡Vive Dios!, que si le emprende
ojo negro sevillano,
que desde lejos enciende,
sombrerillo o blanca mano,
después moneda de duende   125
  que se convierte en carbón,
que le he de dar un jabón
con que a tus obligaciones

pida humilde mil perdones;
y dame ahora perdón,   130
    que es tarde, y queremos ir
a Las Ventas a dormir,
y entrar mañana en Toledo,
supuesto que tengo miedo
que no ha de poder salir   135
    o en Getafe ha de quedarse.

Doña Ana   Lope, bien suelen pagarse
                las buenas obras.

Lope   Señora,
                bástales por premio ahora
                tan justamente emplearse.   140

(Vase.)

Doña Ana   No hay cosa de temor que no se nombre
                con el nombre de ausencia justamente;
                la ausencia es noche, porque, el Sol ausente,
                hace que el mundo su tiniebla asombre;
                    la ausencia es muerte, porque muerto un hombre
                mortales ojos no le ven presente;   145
                la ausencia es deslealtad, pues que consiente
                que se disfamen la opinión y el nombre.
                    Pues con un enemigo tan extraño,
                justamente a la muerte se apercibe   150
                quien, antes de venir, conoce el daño.
                    ¡Oh, mal que en el principio el fin recibe!,
                pues antes de llegar el desengaño
                es desdichado quien ausente vive.

(Vase. Sale Inés y Pascuala, labradora.)

18

Pascuala	No levantéis la cabeza,	155
	por vuestros ojos, Inés;	
	goce el suelo esa belleza:	
	contaréis a vuestros pies	
	y no a mi vuestra tristeza,	
	que a fe que es lo que mostráis	160
	de vuestro dolor testigo.	
	¿Qué temes, en qué pensáis?	
	Porque, si verdad os digo,	
	zagala, no me agradáis.	
	Si en Getafe no tenéis	165
	quien esa belleza rara	
	no trate como queréis,	
	¿para qué os laváis la cara	
	con lágrimas que vertéis?	170
	Si a cualquiera que os desea	
	le decís que de otra sea,	
	yo lo que diga pensando,	
	que de la corte llorando	
	vais y venís a la aldea.	
	Pero, aunque callar importe,	175
	deciros será mejor,	
	sin que el temor me reporte,	
	que con cuidados de amor	
	vais y venís a la corte.	
	Si obliga a que no lo crea	180
	conocer quien os desea,	
	¿qué tengo yo de pensar,	
	si en el campo y el lugar	
	andáis triste, y no sois fea?	
	Yo conozco quien os ama,	185
	pero no os veo contenta	
	cuando os mira, cuando os llama;	

otra ocasión os alienta
si no me miente la fama.
    Vos lloráis, vos suspiráis;   190
bien puede ser que tengáis
otros dolores secretos;
pero con estos efetos,
doyme a Dios si vos no amáis.

Inés   Pascuala querida,   195
las obligaciones
de haberos criado
amigas conformes
desde la maestra,
puntos y labores,   200
juntando meriendas
y los corazones
con las voluntades,
en años mayores,
me piden que diga   205
que las ocasiones
causan mis tristezas,
penas y dolores.
De Getafe, aldea
tan grande que acoge   210
a dos mil vecinos,
iba yo a la corte.
En estas dos leguas
cantaba canciones,
y los pasajeros   215
me pagaban porte.
Requiebros oía,
pero sus razones
menos me movían
que si fuera un monte.   220

Jamás de Madrid
saqué pretensiones
que no las dejase
en su puente o bosque;
mas pasando un día,   225
ya tú me conoces,
libre como un ave,
dura como un bronce,
una cierta calle,
no lejos de adonde   230
al santo flechado
hacen una torre,
estaba en su puerta
un hidalgo noble;
sombrerito bajo,   235
cuya falda entonces
de dosel servía
a los dos bigotes;
el cuello, parejo,
haciendo arreboles;   240
de blanco y azul
los puños disformes,
que de servilletas
sirven cuando come;
lienzo de narices,   245
nuevas menciones;
el rostro y las manos
en que se los pone
parecen tres caras
con cuellos conformes;   250
una cuera desto...,
no sé si lo nombre,
que da mal de madre,
y entre los olores

no tiene vergüenza,   255
pues porque la doblen
anda siempre en cueros
con agua de olores;
su calza a lo nuevo,
su zapato doble,   260
romo como macho,
porque tire coces;
la espada a lo bravo,
que los valentones
de las apariencias   265
quieren que se asombren;
chamelote de aguas
era su capote,
aforrado en felpa
con tres guarniciones;   270
mas si seda de aguas
quiere que le adorne,
sepa que mis ojos
ya son chamelotes.
Iba descuidada,   275
y, al pasar, asiome
de aquestos corales,
Dios se lo perdone,
que por no quebrallos
me fui tras el hombre   280
el zaguán adentro.

Pascuala   ¿Pues bien?

Inés   Pellizcome;
                y a lo que me dijo
                respondile ioxte!,
                como acá lo dicen   285

nuestros labradores.
A la fe Pascuala
que estos bellacones,
cansados de pavos,
ruedas de colores,   290
con varios perfumes
y puntas de Londres,
gustan de la fruta
que nace en los montes:
cantuesos, tomillos,   295
mastranzo y tréboles.
¡Oh, qué diestro era
en decir amores
y mirar con alma
y ojos socarrones!   300
Si verdad te digo,
midiome de golpe
la boca, aunque daba
suspiros y voces.
Bajó en este tiempo   305
cierto gentilhombre:
«¿Qué es esto, don Félix?»
le dijo, y dejome.
Salí, mas ¿qué digo?,
quedeme, y partiose;   310
que traje a Getafe
todas sus facciones.
Idas y venidas
he hecho a la corte,
hasta que mis padres   315
vieron mi desorden;
no quieren que vaya,
y, cual ves, me ponen
a que labre redes

en sus bastidores 320
y con mis tristezas
cubra corazones,
y es el de don Félix,
que el alma me rompe.
No puedo olvidalle. 325
Ni quieren que torne
donde pueda velle.
Moriré de amores.
¡Ves aquí, Pascuala,
porque ejemplo tomes, 330
las tristezas mías
y imaginaciones
en que pasa el alma
los días y noches,
rica de deseos, 335
de esperanzas pobre!

Pascuala   Hame pesado en el alma,
Inés, de tu loco amor,
y que con ese rigor
tengas el discurso en calma; 340
    pero no tengas cuidado,
que, pues ya no le has de ver,
presto vendrás a tener
el corazón sosegado,
    y más si pones en medio 345
amor en otro lugar.

Inés   Era el remedio olvidar,
y olvidóseme el remedio.

Pascuala   Ansí dice la canción;
pero yo sé quién te adora, 350

en quien si pones ahora
tu cuidado y afición,
    no habrá más Félix en ti;
y, en fin, es amor igual;
que esotro te estaba mal.   355

Inés   ¿Dices por Hernando?

Pascuala   Sí;
    que es mozo, aunque labrador,
que no le dará ventaja
el día que no trabaja
al cortesano mejor.   360
    Media de punto, zapato
de cordobán, de telilla
jubón, cuello con vainilla
a quien no es el rostro ingrato;
    griguiesco y sayo de raja,   365
sombrero y cordón de seda;
pues gracias ¿quién hay que pueda
llevar a Hernando ventaja
    en saltar, correr, danzar,
llevar un carro enramado   370
por Santiago el Verde al prado?

Inés   Entra, Pascuala, a sacar
    los bastidores y redes,
y hagamos nuestra labor;
que no he de tener amor,   375
y desengañarte puedes,
    de que mozo del lugar
no me agrade eternamente.

Pascuala   ¡Entro, que un amor ausente

no es difícil de olvidar! 380

(Vase.)

Inés   Sube tal vez alguna débil parra
por el tronco del álamo frondoso
hasta su extremo, sin hallar reposo,
y está loca en sus brazos de bizarra.
     Tal vez del gavilán la veloz garra   385
vence la cuerva, y sube el caudaloso
arroyo al monte, y en su extremo hermoso
desestima la margen de pizarra.
     Llega a ser mar el más humilde río
cuando por sus riberas le concede   390
que tome de sus aguas señorío;
     luego podré, si el de mi llanto excede,
igualar esos brazos, Félix mío;
pues cuanto quiere Amor, todo lo puede.

(Saca Pascuala dos bastidores de red.)

Pascuala   Aquí las redes están.   395

Inés   A la puerta de la calle
labraremos.

Pascuala   De buen talle
vienen de la corte y van
     pasajeros por aquí.

Inés   De Getafe es uso hacer   400
labor a la puerta, y ver
los que pasan.

Pascuala	Es ansí.
	Gente en el mesón se apea.

(Salen don Félix y Lope.)

Don Félix	Pues ¿de Madrid le sacabas	
	desherrado? ¿En qué pensabas?	405
Lope	¿Qué quieres? Disculpa sea	
	que en Madrid muy pocos son	
	los que no andan siempre herrados.	
Don Félix	¿Quién fía de sus criados?	
Lope	Aguardame en el mesón	410
	viendo ese coche que encierra	
	gente de toldo y valor,	
	que allí he visto un pecador.	
Don Félix	¿Qué es pecador?	
Lope	El que hierra.	
Don Félix	¿Hay banco allí?	
Lope	¿No le ves?	415
Don Félix	Parte, que allí enfrente veo,	
	para engañar el deseo,	
	dos labradoras o tres.	
	Suelen en este lugar	
	mozas, como un oro, hacer	420
	redes a la puerta y ver	
	a veces más que labrar,	

y si estas son como aquella
que en la corte me agradó,
en herrar Lope no erró   425
si me entretengo con ella.
    Dios guarde a vuesas mercedes.

Inés   ¡Ay, Pascuala!

Pascuala   ¿Qué te ha dado?

Inés   Este es aquel mi cuidado.

Don Félix   Si en el paso labráis redes,   430
                de la gente que camina
            almas cogeréis en ellas.

Inés   A las cortesanas bellas,
            si tales nos imagina,
                puede su mercé decir   435
            razones tan cortesanas,
            que esto de almas, las villanas
            no lo podemos sufrir.

Don Félix   ¡Vive el cielo que es Inés,
            la labradora aseada,   440
            bien vestida y bien tocada
            que me dio cuidado un mes!
                ¿Hay tal dicha, hay tal ventura?
            Bella Inés, alza la cara
            con esa belleza clara   445
            como fuente limpia y pura.
                Don Félix soy, que ahora llego
            por la posta en mi cuidado.

Inés	¡Ay!
Pascuala	¿Qué es eso?
Inés	Heme picado.
Pascuala	¿Turbada estás?
Inés	No lo niego. 450

Don Félix   Levanta el rostro a mirarme,
no pagues tan mal mi amor.

Inés   Ya me ha costado, señor,
querer miraros picarme.

Don Félix   ¿Sangre os cuesto? Pues ¡por Dios!   455
que vengo yo tan picado
que por la que os he costado
me pienso sangrar por vos.
Pero suplícoos que honréis
aqueste lienzo con ella.   460

Inés   No quiero manchalle della,
que es villana, como veis,
y vos noble caballero.

(Sale Hernando, labrador, con espada debajo el brazo, capa y sombrero.)

Hernando   Labrando están, y aun parlando,
si no es red que están labrando   465
en que caiga el forastero.
¡Que tuviese Inés su casa
enfrente deste mesón!

¡Bravo talle! ¡Celos son!
¡Todo me yela y abrasa!   470

Don Félix   No estéis, mis ojos, cobarde
adonde es honesto el fin.

(Sale Lope.)

Lope   Ya queda herrado el rocín,
aunque me parece tarde.
    Hoy a Las Ventas has de ir;   475
pero con estas villanas,
a la de «Las Dos Hermanas»
que llegas puedes decir.
    ¡No está mal entretenido!

Don Félix   ¡Quedo bárbaro, que es esta   480
Inés!

Lope   ¿Aquella compuesta
del botinillo pulido?
    ¿La que dio en la devoción
de pasar por nuestra puerta?

Don Félix   La cama y cena concierta.   485

Lope   Cama y cena, ¿a qué intención?

Don Félix   A que no saldré de aquí
sin ver lo que me quería
cuando no pasaba día
que le pasase sin mí.   490

Lope   ¿Ves aquí por lo que yo

30

truje el rocín desherrado?
Dos leguas no has caminado
y apenas se te perdió
    Madrid de vista, ¿y ya olvidas   495
a doña Ana?

Don Félix   Es pensamiento
dirigido a casamiento.
Pero, necio, no me pidas
    cuenta de mi gusto a mí.

Lope   ¿Luego aquí quieres parar?   500

Don Félix   No he de salir del lugar.

Inés   Quita esas redes de aquí.

Pascuala   Razón es, que ya anochece,
y he visto a Hernando acechando.

Inés   Pues desengáñese Hernando   505
de que otro amor me enloquece.
    ¿Don Félix?

Don Félix   ¡Mi labradora!

Inés   ¿A qué venís?

Don Félix   Solo a ver
los ojos de una mujer
con que la corte enamora.   510

Inés   ¿Mentís?

Don Félix	Yo digo verdad.
Inés	Pues mañana lo veré.
Don Félix	Aquí, señora, estaré.
	más años que en la ciudad
	de Troya el príncipe griego.

515

Inés	Allí enfrente un labrador
	murmura de nuestro amor.
	Que os vais al mesón os ruego,
	que yo os enviaré a decir
	por donde hallarme podéis.

520

Don Félix	Como palabra me deis
	de que os dejaréis servir,
	conoceréis mi firmeza.
Inés	Adiós.
Don Félix	Lope, a la posada,
Lope	¿Qué tenemos de jornada?

525

Don Félix	La cena y cama adereza,
	que está muy lejos Sevilla.
Lope	Harto más Madrid está.
Don Félix	Lope, el alma se me va
	por aquella chinelilla.

530

Duerma doña Ana, pues es
negocio de casamiento,
mientras vela el pensamiento

en los donaires de Inés.

Lope   Por mí, duerma norabuena;   535
tu gusto debo seguir,
y, ansí, voy a prevenir,
como mandas, cama y cena;
 pero si Inés lleva el fin
a no más de entretenerte,   540
¡vive Dios que he de ponerte
los zapatos del rocín!

(Vase don Félix y Lope.)

Hernando   ¿Podrá un quejoso hablarte, desdén mío?

Inés   ¿Y qué puede quererme a mi un quejoso?

Hernando   Decirte que mi amor es desvarío.   545

Inés   Hernando, un desvarío es peligroso,
y quien a los peligros se aventura,
más tiene que de cuerdo de animoso.

Hernando   ¿Parécete peligro tu hermosura?

Inés   Paréceme peligro aventurarte   550
donde el perderte es cosa tan segura,
porque primero que yo pueda amarte
volarán por el aire los delfines,
y en vez de estrellas en la etérea parte
 verá paredes altas de jazmines   555
y el Sol todo de yedra revestido,
tanto que sus facciones determines.

Hernando	Pues primero en las aguas harán nido
	los ruiseñores que en las selvas suelen,
	y el fénix nunca visto y siempre oído, 560
	y antes verá que tras los sacres vuelen
	contra razón las temerosas garzas
	que al aire la región segunda impelen,
	y antes verás las intricadas zarzas,
	en vez de espinas, fértiles de fruta 565
	cuando la vista a tu cercado esparzas,
	y antes verás, cuando de sombra enluta
	la noche el rostro, el Sol como en Oriente,
	la tierra estéril y la mar enjuta,
	que yo te olvide ni olvidarte intente 570
	por mayores agravios que me hagas.
Inés	La noche baja, y viene ya mi gente;
	o quiere, o aborrece, si te pagas
	de entretenerte ansí.
Hernando	¡Detente! Advierte,
	porque de mi verdad te satisfagas. 575
	Deténla tú, Pascuala.
Pascuala	¿De qué suerte?
	Paciencia, Hernando; en el lugar hay mozas.
(Vanse las dos.)	
Hernando	¿Ansí te vas? Pues tú verás mi muerte,
	y tú también, que de mi mal te gozas.
	Halla el herido ciervo de la hierba 580
	de la flecha veloz, en cristal puro
	de clara fuente, alivio, y por lo oscuro
	del monte llama a su amorosa cierva.

El unicornio cándido preserva
todo animal del áspid fiero y duro;   585
en verdes brazos de álamo seguro
el ruiseñor su pájaro reserva.
   La medicina, a enfermedades graves
con que este ser mortal nos pone asedios,
halla reparos dulces y suaves.   590
   A todos dio Naturaleza medios,
¡y yo solo entre fieras, hombres y aves,
para afrenta nací de sus remedios!

(Sale Bartolomé, labrador.)

Bartolomé   ¡Qué cierto que es hallarte en esta puerta!

Hernando   No vienes tú, Bartolomé, sin causa;   595
                 aquí la hallarás no ha un momento abierta.

Bartolomé   Aunque Pascuala mis cuidados causa,
                 me trujo el suyo, con deseo de verte.
                 Música fue mi amor; paró en la pausa.

Hernando   Inés, que de mi vida y de mi muerte   600
                 tiene el imperio, aquí me habló tan fiera
                 que no dármela debo agradecerte;
                  si no te hubiera visto, me la diera.

Bartolomé   Inés, Hernando, porque en esto acorte
                 lo que, si no la amaras, te dijera,   605
                 llena de pensamientos de la corte,
                 los principios humildes tiene en tanto,
                 sin que nacer tan cerca la reporte,
                  que ya se arroja el cortesano manto
                 y se atreven sus pies a los chapines.   610

Pero si quieres remediar tu llanto,
  como a pedir a Inés te determines
por mujer a su padre, no hayas miedo
que te la niegue, por tan justos fines.

(Ruido dentro.)

Hernando   ¿Qué es aquesto?

Bartolomé   Los carros de Toledo,   615
          que, preñados de gente, aquí la paren.

Hernando   Ni el mesón ni la gente sufrir puedo.

(Salen Salgado y Pedro, de estudiantes.)

Salgado   No he venido en mi vida más cansado.

Pedro   ¡La gente que ha embarcado el carretero!

Salgado   Esos benditos padres me han molido.   620

Pedro   A mí, una vieja, que en mis tristes lomos
          cargó cien años.

Salgado   No lo piensa ella,
          que a la fe que se enrubia y arrebola.

Pedro   Disfrácese, ¡pardiez!, cuanto quisiere,
          que como una cadena, que es de alquimia   625
          en que huele a la herrumbre se conoce,
          ansí también en el olor las viejas.

Salgado   Pues ¿a qué huelen?

Pedro	A corral de ovejas.
Salgado	El estudiante a la mozuela mira.
Pedro	Dad al diablo esa gente de sotana, 630 que con tener de asiento el sustantivo responden a cualquiera vocativo.
Hernando	Tu consejo me agrada, y determino pedírsela a su padre; pero quiero darle otro tiento aquesta noche.
Bartolomé	Vuelve. 635 Quizá saldrá a la puerta a ver los carros, y más si alguno dellos tañe y canta; que yo quiero también acompañarte.
Hernando	Si hará, como Pascuala salga a hablarte.

(Vanse los dos.)

Pedro	Parece que la moza y aquel dómine 640 se conciertan.
Salgado	Si harán.
Pedro	Digo cantando. Ya salen a la puerta. Hagamos hora mientras el bellacón del carretero da cebada al ganado y se hace un cuero.

(Salga Martínez, estudiante, de camino, con sotanilla; doña Beatriz; y él venga templando una guitarra.)

Martínez	¡Por mi vida, que canta como un ángel!	645

Doña Beatriz   ¿Búrlase de la voz?

Martínez   Fuera yo necio.
Díganos, por su vida, un tonecillo.

Doña Beatriz   ¿Sabe, por dicha, «En esta larga ausencia»?

Martínez   ¿Quién no sabe ese tono en todo el mundo?
(Canta.)   En esta larga ausencia...

(Salgan Ruiz y Zamora, caminantes.)

Ruiz	¡Ah, mis señores!,	650

           cese el cantar, que no ha de haber responso,
sino cosas alegres.

Doña Beatriz   ¿Querrá un baile?

Ruiz   Yo sé bailar, si hubiese quién.

Martínez   Ya entiendo.
Allí viene una bella labradora
convidada del son.

(Sale Inés.)

Doña Beatriz	¡Ah, reina mía!	655

           Aquí hay quien cante, si a bailar ayuda.

Inés   Mis bailes son a uso del aldea.

Ruiz	Pues eso pido, y a su gusto sea.
Inés	¡Oh, si saliese aquel mi amor dormido!

(Salen don Félix y Lope.)

Don Félix	¡Baile y fiesta, por Dios!	
Lope	Dichoso has sido,	660
	que a Inés, tu labradora, aquí la veo.	
Don Félix	¡Oh, bella Inés! ¡Oh, fin de mi deseo!	
Inés	Ya pensé que estuvieras acostado.	
Don Félix	¡Mal sabes lo que vela un desdichado!	
Inés	Por verte vine con aqueste achaque,	665
	querido Félix mío, que has querido	
	perseguir mi inocencia hasta buscarme	
	en el sagrado de mi pobre aldea;	
	mas porque aquesta gente ver desea	
	cómo bailan las mozas de Getafe,	670
	retirate a mirarme tan turbada	
	como quien se confiesa enamorada.	
Don Félix	¡Ay, bella Inés! Si de tu hermosa boca	
	merezco yo favores tan notables,	
	para matarme basta que me hables,	675
	y basta para hacer que aquí me quede	
	a servirte, a quererte, a acompañarte,	
	que me des esa luz para mirarte.	
	Ponte las castañuelas, y el donaire	
	desos hermosos pies dé envidia al aire;	680

que mientras bailas tú sin divertirme,
en tus mudanzas estaré yo firme.

Inés   ¿Qué es lo que queréis bailar?

Martínez   Lo que vos sepáis, señora.

Doña Beatriz   ¿Vacas?

Inés   Aunque labradora,   685
dama, no las sé bailar.

Doña Beatriz   ¿Folías?

Inés   Comunes son.

Doña Beatriz   ¿Canario?

Inés   Soy toledana.

Doña Beatriz   ¿Villano?

Inés   No soy villana.
en ingenio y condición.   690

Doña Beatriz   ¿Conde Claros?

Inés   Puede dar
gusto a quien tuviere amores,
si es verdad que con amores
no podía reposar.

Doña Beatriz   ¿Zarabanda?

Inés	Está muy vieja.	695
Doña Beatriz	¿Chacona?	
Inés	Sátira es.	
Doña Beatriz	¿Rey don Alonso?	

Inés

          ¿No ves
que es juntar corona y reja?
  Aquello del ¡ay, ay, ay!
tiene un no sé qué, a mi modo,   700
pues se queja el mundo todo
de las cosas que en él hay;
  no me ha parecido a mí
como esa dulce canción,
más a propósito son   705
de los que en la corte oí;
  quéjanse los pretensores
y quéjanse los soldados,
quéjanse los agraviados
y quéjanse los señores,   710
  los criados también dellos
forman mil quejas secretas,
los pobres y los poetas
las barbas y los cabellos;
  todo se queja, y ansí   715
viene bien el ¡ay, ay, ay!

Doña Beatriz	¡Pues vaya con su cambray!	
Inés	¿Bailáis vos?	
Ruiz	Señora, sí.	

(Cantan y bailan.)   Una dama me mandó
que sirviese y no cansase,   720
que sirviendo alcanzaría
todo lo que desease.
  ¡Ay, ay, ay!
  Una señora me pide
sobre su amor cien ducados;   725
¿qué haré yo, ¡triste de mí!,
que los busco y no los hallo?
  ¡Ay, ay, ay!
  Celoso estoy de una dama,
y no puedo sosegar   730
de dolores de una pierna:
¿de cuál me debo quejar?
  ¡Ay, ay, ay!
  Para San Juan debo a un hombre
dineros en cantidad;   735
¿qué haré yo, que cada día
me parece el de San Juan?
  ¡Ay, ay, ay!
  Quise entrar en cierta casa,
donde era su dueño honrado;   740
cogiéronme entre las puertas
y hanme dado muchos palos.
  ¡Ay, ay, ay!

(Sale el Carretero.)

Carretero   ¿Qué borrachería es ésta,
uncidos los carros ya?   745

Doña Beatriz   ¿Está uncido?

Carretero   Uncido está.

Doña Beatriz	¡Desbaratose la fiesta!
Carretero	¡Ea! ¡Suban con el diablo, que hay dos mil atolladeros!
Salgado	Vamos.
Inés	¡Adiós, caballeros!

750

Martínez	¡Lo que usáis este vocablo!
Carretero	Mucha priesa y mucho «vos», y en habiendo guitarruncia todo cristiano echa juncia;

pues ¡voto al agua de Dios   755
  que si desunzo las mulas!...

Pedro	¡Acabad, que sois de hueso!
Carretero	¡Ceja, mozo! ¿No ves eso? ¡Ver adónde va a reculas!

  ¡Ea, pues, háganse atrás!   760
¡Tente, mula de un bellaco!

Lope	¿Es vuestra?
Carretero	¡Si el cordel saco!...

(Vanse todos los de los carros.)

Don Félix	Espera, Inés. ¿Dónde vas?
Inés	No me puedo detener,

	que ya preguntan por mí.	765

Don Félix   Luego ¿no he de hablarte?

Inés   Sí.

Don Félix   Pues, mi bien, ¿cómo ha de ser?

Inés   A las espaldas, señor,
de mi casa hay una vieja
tapia, por quien me aconseja   770
que os hable esta noche Amor.
    Detrás, en unos reparos
pondré los pies.

Don Félix   ¡Oye, aguarda!

Inés   Yo sacaré por la barda
la cabeza para hablaros.   775

(Vase.)

Lope   ¿Eso te agrada?

Don Félix   ¿Pues no?
Lo que es melindres y amores
de cortesanos favores,
¿a cuál discreto agradó?
    Pero el amor de una aldea,   780
¿no es cosa del cielo, Lope?

Lope   Como en algo no se tope
que de hierro o tranca sea...

Don Félix	¿Cuál será la tapia vieja
	por donde me quiere hablar? 785
Lope	¡Qué en esto gustes de andar!
	¿Cuál diablo te lo aconseja?
Don Félix	¿Tú no me darás el pie?
Lope	¿Eres tú representante?
Don Félix	¡Ay, Dios, quién fuera gigante! 790
	Ponte a gatas.
Lope	¿Para qué?
Don Félix	Para que subido en ti
	pueda alcanzar a tocalla.
Lope	Basta hablalla.
Don Félix	¿Cómo hablalla?
Lope	Dos hombres vienen aquí. 795

(Salgan Hernando y Bartolomé, con tapadores de tinajas y espadas desnudas.)

Hernando	Con mirar, Bartolomé,
	las paredes desta casa,
	toda el alma se me abrasa.
Don Félix	Villanos son; dame el pie.
Lope	¡Gracia tienes!

| Don Félix | ¿De qué modo? | 800 |

Lope
Hay labrador getafeño
que con lo grueso de un leño
nos medirá el cuerpo todo;
　ipues qué, si de una pedrada
rompe un rayo a una carreta!   805

Bartolomé   Aquí hay gente.

Lope
　　　　　　　　No te meta
el diablo en esta celada;
　mira que esta labradora
te ha dado aqueste lugar,
por dicha, para vengar   810
su pasado agravio agora.

Don Félix   ¿Qué le hice?

Lope
　　　　　　　　Pellizcalla,
y la fruta del zaguán.

Don Félix
Pues aquestos no se van,
Lope, yo tengo de hablalla.   815

Lope   Industria lo puede hacer.

Don Félix   Pues ¿cómo?

Lope
　　　　　　　Espérate aquí.
¿Son del lugar?

Hernando   Señor, sí.

Lope	Hacedme, ¡por Dios!, placer,
	de que vamos a buscar 820
	una bolsa que ha perdido
	mi dueño, que me ha querido,
	de puro enojo, matar;
	tiene doscientos ducados,
	con que vamos a Sevilla, 825
	que no será maravilla
	entre seis ojos honrados;
	arrójenlos por ahí,
	daré a los dos un doblón.

Hernando	Aunque por otra ocasión 830
	andábamos por aquí,
	de lástima ayudaremos
	a buscarla.

Lope	Pues partamos
	adonde nos apeamos;
	desde allí comenzaremos. 835

Bartolomé	Vamos, vamos.

Lope	¡Oh, quién fuera
	en esta ocasión zahorí!

(Vase Lope y los dos labradores.)

Don Félix	Él se los lleva de aquí.

(Inés, en lo alto.)

Inés	¿Es Félix?

Don Félix	Yo soy.

Inés	Espera.

Don Félix   No me mandes esperar,   840
que estoy ya desesperado.

Inés   Agradezco tu cuidado.

Don Félix   Agradecer es pagar,

Inés   ¿Con qué puedo yo pagarte?

Don Félix   Con abrirme.

Inés   Bien te abriera,   845
Félix, si tu igual naciera;
pero no puedo igualarte.

Don Félix   Pues ¿seré el primero yo
que se haya casado ansí?

Inés   Mi fe me dice que sí.   850
y mi ventura, que no.

Don Félix   Mis ojos, si me igualaras,
¿en casarme yo qué hiciera?
Esta es prueba verdadera
de amor; abre, ¿en qué reparas?   855
   Seré tu marido, Inés;
treinta palabras te doy.

Inés   ¿Como quién?

Don Félix	Como quien soy.

Inés	¿Y negaraslas después?

Don Félix	Si las quebrare...

Inés   No jures,   860
que yo te quisiera abrir;
pero es decir que a morir
esta noche te aventures.

Don Félix	¿Cómo?

Inés   Hay un mastín aquí
que te podrá hacer pedazos.   865

Don Félix	Esta espada y estos brazos

¿para qué son?

Inés   Es ansí;
mas mi honor, si le hallan muerto,
¿con qué podré remediallo?
Demás que ya canta el gallo,   870
y está el de casa despierto;
  y cuando acá se madruga,
el alba llorando está
sus perlas, no como allá,
después que el Sol las enjuga.   875
  Ten hoy paciencia, mi bien,
que también es triste caso
que sus glorias tan de paso
Amor y el tiempo te den;
  aguarda en esta posada,   880
yo te enviaré de comer.

Don Félix	¿Paciencia quieres poner
	en un alma enamorada?

Inés   ¿Pídote yo que sean siete
los años que has de servirme,   885
o que un día esperes firme
lo que mi amor te promete?
  Vete, mis ojos, vete;
mira que amanece.

Don Félix   ¡Ay, hermosa labradora!   890
déjame mirar mejor
ese rostro al resplandor
de la ya vecina aurora;
  no me despidáis, señora,
que yo me iré cuando sea hora.   895

Inés   Puesto que tu ruego acepte
y dilate mi partida,
¿para qué quieres, mi vida,
que el perderte me inquiete?
  Vete, mis ojos, vete;   900
mira que amanece.

Don Félix   ¡Ay!, que esa voz me enamora
y tiene el sentido en calma;
tened compasión de un alma
que a vuestros umbrales llora;   905
  no me despidáis, señora,
que yo me iré cuando sea hora.

Inés   Gente es aquélla. ¡Adiós!

Don Félix	¡Ay,	
	que el seso me hacéis perder!	

(Salgan Lope y los dos labradores.)

Lope	Perdiose por ir a ver	910
	el baile del ¡ay, ay, ay!;	
	que nos fuera harto mejor	
	estarnos en la posada.	
Hernando	Ya debe de estar guardada.	
Bartolomé	Allí está vuestro señor.	915
Lope	Debe de estar ahorcado.	
	Id con Dios, que sale el día	
	por Madrid, y no querría	
	que me viese acompañado.	
	¡Oh, qué palos me ha de dar!	920
Hernando	El cielo, amigo, os consuele,	
	que en el corazón me duele	
	que no se pudiese hallar;	
	pero con la luz del día	
	la podrás buscar mejor.	925
	¿Qué hará Inés?	
Bartolomé	Dormir.	
Hernando	¡Qué amor!	
	Mas duerma, que ha de ser mía.	
Lope	No dirás que no has tenido	
	de entrar y salir lugar.	

Don Félix	Si yo no he podido entrar,	930
	¿cómo puedo haber salido?	
Lope	¡Chufetas, por no decillo!	
	Ahora bien, quiérote oler	
	más de cerca, por saber	
	si es verdad lo del tomillo.	935
Don Félix	¡Hazte allá, bestia!	
Lope	Harto bien	
	me pagas la industria sola	
	con que he dado esta mamola	
	a dos hombres tan de bien!	
Don Félix	Parte luego en el rocín	940
	a Madrid. ¿Cómo no sales?	
Lope	¿A qué?	
Don Félix	Compra unos corales,	
	una sarta, un faldellín,	
	chinelas y zapatillas,	
	como a mis hermanas sueles,	945
	ellos oro en los caireles	
	y ellas plata en las virillas,	
	y vuelve a comer aquí.	
Lope	¿Y en Getafe vivirás?	
Don Félix	Con no preguntarme más	950
	sabrás lo demás de mí.	

(Vanse. Sale don Pedro, de camino; Fabricio y Leonelo, criados.)

Fabricio   ¿Quieres desayunarte, o pasaremos?

Don Pedro   ¿Dirase misa aquí tan de mañana?

Leonelo   ¡Hartos clérigos hay! Misa hallaremos.

Fabricio   Yo pensé que la oyeras con doña Ana.   955

Leonelo   Viniste de Sevilla haciendo extremos,
                enamorado desta cortesana;
                vesla en Madrid, es bella, y te resuelves
                a no casarte, y por la posta vuelves.

Don Pedro   Leonelo, si hallo luego desta dama   960
                fama en Madrid que quiere a un caballero,
                que don Félix sospecho que se llama,
                ¿no sabes tú que buena fama quiero?

Leonelo   Pues mira tú cómo mintió la fama,
                porque a Sevilla llegará primero.   965

Don Pedro   ¿Fuese a Sevilla?

Leonelo   Sí.

Don Pedro   Pues ¡bueno fuera
                que eso a Madrid, sin causa, me volviera!

Fabricio   Quédate aquí en Getafe algunos días,
                hasta que con disculpas volver puedas.

Don Pedro   Mejor es acudir a cosas mías;   970

que ausente el dueño, quiébranse las ruedas;
en Sevilla a don Félix pondrá espías,
y sabré si las manos están quedas.

Leonelo   Ya han traído las postas.

Don Pedro   Sube y pica,
que la virtud es la mujer más rica.   975

(Vanse, y salen doña Ana y Ramírez, escudero.)

Ramírez   Pues yo digo que le vi.
¿De qué sirve porfiar?

Doña Ana   ¿Tú a Lope en este lugar?

Ramírez   En el mismo.

Doña Ana   ¿A Lope?

Ramírez   Sí.

Doña Ana   ¡Loco estás!

Ramírez   Y, por más señas,   980
compraba unas chinelillas,
con calzas y zapatillas
harto angostas y pequeñas.

Doña Ana   ¿Chinelas de mujer?

Ramírez   Sí.

Doña Ana   Pues ¿ayer no se partió   985

don Félix?

Ramírez	Esto vi yo.

Doña Ana   ¿Si se quedó Lope aquí?

Ramírez   Claro está; mas no te dé
celos dama cortesana,
que eran las calzas de lana,   990
y de media vara el pie.

Doña Ana   Será de Lope el presente,
si por dicha fregoniza.

Ramírez   La lana desautoriza
el ser de tu amado ausente.   995
(Salga Lope.)   Pero vesle aquí.

Lope   En una hora
vine, en otra volveré.

Doña Ana   ¡Tente, perro!

Lope   ¿A mí, por qué?

Doña Ana   ¿No me conoces?

Lope   Señora...

Doña Ana   ¿Cómo en Madrid?

Lope   Por la posta   1000
he venido en un rocín,
¡oh espíritu de Merlín,

oh jinete de la costa!,
   desde Getafe a comprar
bizcochos, calabazate,   1005
almíbar y piñonate,
alcorzas y agua de azahar,
   que dio del caballo ayer
mi señor tan gran caída,
que no costarle la vida   1010
milagro debe de ser;
apenas sentí el rumor,
cuando dije, aunque sin seso:
«La Virgen del Buen Suceso
vaya contigo, señor!»   1015
   Ella quiso que viniese,
puesto que está en el lugar,
sin poderse rodear
más que si de bronce fuese;
   Allí, una buena mujer   1020
que concierta quebraduras
le ha hecho ciertas unturas,
y también le puso ayer
   una estopada famosa
con incienso y agua ardiente,   1025
de que aliviado se siente,
y ya, en efeto, reposa.
   No estéis, señora, afligida,
que, según esta mujer,
que lo debe de entender,   1030
debe de ser carne huida,
   no hay hueso alguno quebrado,
que este maldito accidente
solo en la carne lo siente.

Doña Ana   ¡No lloréis!

Lope	Harto he llorado.	1035

Doña Ana   ¿Para quién son las chinelas?

Lope   Para mi daifa, señora,
que también yo tengo ahora
mi cierto dolor de muelas.
    ¿Caso que hayas sospechado   1040
en don Félix, mi señor,
alguna infamia en su honor?

Doña Ana   Las calzas me la han quitado.
    Ven conmigo, y llevarás
conservas y agua de olor,   1045
y una carta a tu señor.

Lope   ¡Para que no caiga más!

Doña Ana   Cayó, Lope, mi esperanza.

Lope (Aparte.)   Tragola su señoría.
Dulce llevo. ¡Lindo día!   1050
¡Oh, cuál me pongo la panza!

(Vanse. Salgan don Félix y Inés.)

Inés   Engáñasme, cortesano.

Don Félix   ¿Cómo engañarte, mi bien?

Inés   Pues, dime, ¿de qué manera
podré ser yo tu mujer?   1055

Don Félix	Yo voy ahora a Sevilla; cuando vuelva te traeré galas de corte.
Inés	¿Qué dices?
Don Félix	La verdad te digo, Inés; traeré un coche de camino.
Inés	¿Coche?
Don Félix	Para ti también.
Inés	¿Para mí? ¡Válgame Dios! Y que en la corte andaré coche acá, coche acullá.
Don Félix	Luego que pongas los pies en él, te has de llamar...
Inés	¿Cómo?
Don Félix	Aguarda, lo pensaré: doña Beatriz.
Inés	No me agrada doña Beatriz.
Don Félix	¿No? ¿Por qué?
Inés	Porque tiene el «triz» un eco de vidrio, y me quebraré.
Don Félix	¿Doña Anastasia?

1060

1065

1070

Inés	Es de Papa.
Don Félix	¿Doña Costanza?
Inés	No sé si nombre que entra con costa es bueno para mujer.

1075

Don Félix	¿Doña Jimena?
Inés	Si fuera el Cid, me estuviera bien.
Don Félix	¿Doña Manuela?
Inés	Es largo; parece que estoy en pie.
Don Félix	¿Doña Teresa?
Inés	Es antiguo.

1080

Don Félix	¿Doña Casilda?
Inés	Con él. se llama bien una esclava.
Don Félix	¿Doña Tecla?
Inés	¿Para qué? Que no has de ser tú organista, ni tan libre que tú des en poner en mi los dedos.

1085

Don Félix	¿Doña Esperanza?

Inés	Es hacer de posesión esperanza, si tu mujer he de ser.

Don Félix	¿Doña Escolástica es bueno?	1090

Inés	¿Tengo yo de pretender alguna cátedra, Félix?

Don Félix	¿Doña Brianda?

Inés	Andar bien y con brío pide el nombre.

Don Félix	Dile tú; nómbrate, pues.	1095

Inés	¡Ah, cómo te guardas de uno adonde más de una vez te vi pasear la calle, y aun entrar dentro!

Don Félix	¿Yo, quién?

Inés	¿No hay doña Anas en el mundo?	1100

Don Félix	Pues esa señora es mi prima.

Inés	Por partes de Eva.

Don Félix	¡Maliciosa está!

Inés	Sí haré.

Don Félix	Ahora bien, con cualquier nombre
	llevada a Madrid, diré	1105
	que eres hija de un indiano,
	y que en Cádiz me casé.

Inés   ¿Qué he de creerte? ¡Estoy loca!

(Salga Lope.)

Lope   ¡A qué buen tiempo llegué!
              No sé si alabe la espuela,   1110
              o el rocín.

Inés   ¿Es Lope?

Don Félix   Él es.

Inés   Pues a la noche te espero.

Don Félix   ¿Huyes dél?

Inés   No huyo dél.
              pero vienen forasteros.

(Vase.)

Don Félix   En fin, ¡que no te han de ver   1115
              mis ojos hasta la noche!

Lope   Dame tus benditos pies,
              ermitaño de Getafe.

Don Félix	¿Compraste, Lope?

Lope	Gasté

treinta escudos de oro enteros.   1120

Don Félix	¡Gastaras cuarenta y seis! ¿Dónde queda?

Lope	En la posada.

Pero a doña Ana encontré,
y aquesta carta me dio.

Don Félix	¿Tus cosas?

Lope	No pudo ser

1125

de otra manera, señor.

Don Félix	La carta quiero leer.

(Lee:)	«Dios sabe lo que he llorado vuestra caída, y que fuese tan peligrosa. En la Virgen del Buen Suceso he mandado decir cien misas, y Lope os lleva cuatro cajas de perada, dos de alcorzas, dos de azahar y una redoma extremada; si el mal pasare adelante fingiré una novena a Illescas, e iré a veros. Dios os me guarde y levante desa cama con bien.»

¿Esta carta es para mí?

Lope	Sí, señor; ¿ya no lo ves?

Don Félix	Pues yo he caído y estoy en la cama?

1130

Lope	Todo fue por encubrir mi venida.
Don Félix	¿Y si me viniese a ver?
Lope	Remedio habrá para todo.
Don Félix	¿Dónde está el regalo?

Lope   Ven,   1135
y verás tanta dulzura,
entre cortado papel,
hecha un árbol que te eleve.

Don Félix   Todo lo presento a Inés.

Lope   Menos lo que yo he comido,   1140
que de azúcar, dulce y miel
vengo hecho un monasterio;
y aún habrá torno después.

Fin de la primera jornada

Jornada segunda

(Salen Pascuala y Inés.)

Pascuala　　　　Ya no tengo a maravilla
　　　　　　　　que no te alegres jamás.

Inés　　　　　　Dieciséis meses, y más,
　　　　　　　　ha que partió de Sevilla.

Pascuala　　　　¿Llévate más que deseos?　　　　　　5

Inés　　　　　　Bien pensaba el cortesano
　　　　　　　　engañarme; peto en vano
　　　　　　　　gasta el ingenio en rodeos.
　　　　　　　　　Yo he visto lágrimas tales
　　　　　　　　en estas puertas, fingidas,　　　　　10
　　　　　　　　que estaban enternecidas
　　　　　　　　las piedras de sus umbrales.
　　　　　　　　　Aunque es verdad que le adoro
　　　　　　　　hasta llegar a morir,
　　　　　　　　no me puedo arrepentir　　　　　　15
　　　　　　　　de haber guardado el decoro
　　　　　　　　　como le debo a mi honor,
　　　　　　　　pues todo debió de ser,
　　　　　　　　como se ha echado de ver,
　　　　　　　　Pascuala, fingido amor.　　　　　20
　　　　　　　　　Estuvo Félix aquí
　　　　　　　　ocho días conquistando
　　　　　　　　mi pecho y ocasionando
　　　　　　　　que murmurasen de mí;
　　　　　　　　　como vio que en el lugar　　　　　25
　　　　　　　　le miraban con cuidado,
　　　　　　　　partíase desesperado;

fuese sin quererme hablar.
¡No me costó poco a mí,
que seis meses me pase   30
de enfermedad, y tal fue,
que por dos veces me vi
a las puertas de la muerte!

Pascuala   ¿Y no te ha escrito?

Inés   Jamás.

Pascuala   ¿Y ahora qué tal está?   35

Inés   Estoy de la misma suerte,
                  y aun sospecho que peor.

Pascuala   Pues ¿qué quieres?

Inés   Estoy loca,
                  y más firme que una roca.

Pascuala   ¡Extraña fuerza de amor!   40

(Sale Lucio, criado.)

Lucio   (Esta sospecho que ha de ser la casa.)
                  ¿No me sabrán decir vuesas mercedes
                  dónde el maestro de las postas vive?

Inés   En esta casa de las tapias nuevas.
                  Mas diga, caballero, ¿es de la corte?   45

Lucio   No, señora, que vengo de Sevilla,
                  aunque sirviendo estoy a un cortesano.

Inés	¿Cómo se llama?
Lucio	Llámase don Félix del Carpio.
Inés	¡Ay, Dios! Y diga, gentihombre, ¿viene bueno ese hidalgo?
Lucio	¿Conocéisle? 50
Don Félix	Sé que es un hombre rico.
Lucio	Pues ahora lo será mucho más, porque se casa con doña Ana de tal, que no sé el nombre; mas sé que el dote es veinte mil ducados.
Inés	En fin, ¿él viene bueno?
Lucio	Y tan gallardo 55 que en el camino le echan bendiciones. Hemos venido en mulas, que traemos un coche muy galán para la novia, y querría tomar ahora postas para entrar con más pompa.
Inés	Dios le guarde 60 y haga felices sus dichosas bodas.
Lucio	Quedad con Él, que estoy deprisa.

(Vase.)

Inés	¡Ay, cielos, que aun hay, amando, mayor mal que celos!
Pascuala	Lástima tengo de ti.
Inés	¡Mira que fin ha tenido 65 tanto amor y tanto olvido!, este en él, y el otro en mí. Pues toma resolución, como pertinaz amante, que lleve el alma adelante 70 esta loca presunción: yo voy a la corte.
Pascuala	¿A qué?
Inés	A estar donde verle pueda, aunque Amor no me conceda que una esperanza me dé. 75
Pascuala	¿Está loca?
Inés	Y lo confieso. Di que no sabes de mí.
Pascuala	Escucha.
Inés	Cuando perdí a don Félix, perdí el seso. Voy a dar fin a mi vida. 80
Pascuala	¿Hay locura tan extraña? ¡Mira, Inés, que Amor te engaña; mira, Inés, que vas perdida!

	Acabose; no hay pensar	
	en vencer tu obstinación:	85
	donde falta la razón,	
	no halla el consejo lugar.	

(Vase Inés; sale Hernando.)

Hernando	¡Notable prisa me di	
	para alcanzarte a la puerta!	

Pascuala	¡Hernando!	

Hernando	Desde la güerta,	90
	Pascuala hermosa, corrí	
	en mi propio pensamiento.	
	¿Has visto mi bella ingrata?	

Pascuala	Sí la he visto, y sé que trata,	
	con un loco atrevimiento,	95
	su perdición y la tuya.	

Hernando	¿Cómo?	

Pascuala	A Madrid quiere ir.	

Hernando	¿A qué, Pascuala?	

Pascuala	A seguir	
	aquella locura suya.	

Hernando	Pues ¿vino aquel caballero	100
	con quien entonces me dio	
	tales celos?	

Pascuala	Confesó
	quererle como primero,
	y va a la corte tras él,
	que ya viene de Sevilla;	105
	si pudieses reducilla
	a que se olvidase dél,
	pues que ya se va a casar,
	y que al lugar se volviese,
	para que después no fuese	110
	la fábula del lugar,
	harías un justo oficio,
	digno de un hombre de bien.

Hernando	Ella en amor, yo en desdén.
	vamos perdiendo el juicio.	115
	¿Hay tal mujer, hay engaño
	de amor con tal desacuerdo,
	que yo por ella me pierdo,
	y ella por un hombre extraño?
	Pascuala ¿quién mete a Inés	120
	en estas caballerías?
	Si aquél la quiso ocho días,
	correspondiérale un mes;
	pero burla de dos años...
	Mas yo ¿cómo tengo en poco	125
	mi locura, si soy loco
	entre mayores engaños?
	Iré a la corte, Pascuala,
	si no puedo reducilla,
	antes que llegue a la villa,	130
	a querer a quien la iguala;
	y allá también viviré,
	si ella se quedare allá.

Pascuala	Un loco tras otro va.
Hernando	Dirasle a Bartolomé 135 que donde don Félix vive, allí pregunte por mí.
Pascuala	¡Lástima tengo de ti!
Hernando	Con los perdidos me escribe. Mas desengáñate, Inés, 140 que si a Félix, sin querella, sigue hasta morir, yo a ella, más de mil siglos después.

(Vanse. Salen doña Ana y Lope.)

Doña Ana	Los brazos te doy mil veces.
Lope	Bien lo merece mi amor. 145
Doña Ana	¿Cómo viene tu señor, cuya estrella me pareces?
Lope	Si hay estrellas de azabache, bien lo puedo parecer; basta que mi amo ayer 150 por su aurora me despache, porque viene como un Sol.
Doña Ana	¿Qué vida que habéis tenido?
Lope	De unos cartujos ha sido, a fe de hidalgo español. 155

Doña Ana	¡Sí, sí; tales nueva tengo!
	Ansí en Sevilla se pasa.
	¿Piensas que no sé la casa?

| Lope | Yo, como del yermo vengo; |
| | ¿no me ves la devoción? | 160 |

Doña Ana	¿Cómo os fue de la belleza,
	aseo, brío, limpieza
	y agradable condición?
	Que una mujer sevillana
	vierte mil perlas de sí.	165

| Lope | Todas esas cosas vi. |

| Doña Ana | ¿Adónde? |

| Lope | En el Aduana |
| | y allá, en la Contratación. |

| Doña Ana | Este no dirá verdad |
| | si le queman. |

Lope	Mi lealtad	170
	merece satisfacción.
	Nuestra vida pasa ansí:
	levantarnos a las ocho,
	tomar en vino un bizcocho,
	oír misa, y desde allí,	175
	a Gradas, a negociar;
	y en tocando a mediodía,
	comer con poca alegría,
	dar gracias, y levantar.
	A la tarde, a la Tahona,	180

	y luego, en mil estaciones,	
	rosarios y devociones.	
Doña Ana	¡Oh, qué bendita persona!	
Lope	Hasta que, ya al acostar,	
	cantábamos la doctrina.	185
Doña Ana	Bien Córdoba te refina;	
	lucido se te ha el pasar	
	que debe de haber habido	
	de mujeres, ya en las tiendas,	
	ya en los barcos, ya en meriendas.	190
	¿Cuál de todas, Lope, ha sido	
	la que más tiempo duró?	
	¿Despidiose tierno? ¿Sí	
	lloraron? ¿Hablote en mí?	
	¿Qué maldiciones me echó?	195
	¿Prometió venir acá?	
	¿Cuándo la escribe?	
Lope	¡Qué celos	
	tan ociosos!	
Doña Ana	Pedirelos	
	del Sol que es mi dueño ya.	
Lope	Ahora bien; ¿qué le diré?	200
Doña Ana	Que sea muy bien venido,	
	y que le suplico y pido	
	que me vea.	
Lope	Yo lo haré.	

Doña Ana	Pues dale muchos recados.	
	Mañana te sacarán	205
	un vestido.	

Lope	Sea galán,	
	ansí viváis bien casados,	
	que esta negra quitación	
	no alcanza cosa de seda.	

(Vase Lope. Sale Ramírez, escudero.)

Ramírez	Hay cosa que verse pueda	210
	con más gusto?	

Doña Ana	¿Qué ocasión	
	os tiene con tanta risa?	

Ramírez	Una hermosa labradora	
	que se ha entrado en casa ahora	
	buscando con mucha prisa	215
	una perdida pollina,	
	que, si sus lágrimas vieses,	
	te aseguro que dijeses	
	que era fiesta peregrina.	

Doña Ana	Ve por ella, que me da	220
	lástima cualquier mujer.	

Ramírez	Voy volando.

(Vase.)

Doña Ana	Y mi placer

dándome voces está.
En fin, querida esperanza,
tomáis la posesión;   225
que de amor la ejecución
perseverando se alcanza.
Bien merece amor constante
tales sucesos del cielo.

(Sale Inés y Ramírez.)

Inés   ¿Cómo puedo hallar consuelo   230
                       en desdicha semejante?
                       ¿Piensan estos cortesanos
                       que es de burla, en un camino
                       haber perdido el pollino
                       que era mis pies y mis manos?   235

Doña Ana   ¿Qué es esto, buena mujer?

Inés   ¿Es vuesarced la señora?

Doña Ana   Yo soy.

Inés   Pues esté en buen hora,
                       que en mala la vengo a ver.
                       ¿No habrá visto por acá   240
                       el jumento que perdí?

Doña Ana   No, hermana.

Inés   ¿No ha entrado aquí?
                       Pues diz que ha llegado ya.

Doña Ana   Ved lo que en el mundo pasa.   245

Inés	Era un pollino andaluz
	que era destos ojos luz
	y el espejo de mi casa.

Doña Ana	¡Qué extraña simplicidad!	

Inés	¡Qué de lágrimas me cuesta!	250
	Él debe de andar de fiesta	
	como yo de soledad.	
	A fe que si yo creyera	
	que era falso, que le echara	
	trabas con que le obligara	255
	a que jamás se me fuera.	

Doña Ana	¿A qué viniste con él?
	¿Trujiste leña?

Inés	Y aun fuego,	
	pues cuando a abrasarme llego	
	no vive memoria en él.	260
	Pero sabed que venía	
	de Sayago a este Jugar	
	a buscar un amo, y dar	
	principio a la vida mía,	
	que aunque tosca y sayaguesa	265
	tengo pergeño de honrada.	

Doña Ana	Si quieres ser mi criada,
	casa es esta que profesa
	remediar los que lo son.

Inés	¡Pardiez,! por ver si al pollino	270
	puedo hablar, me determino.	

Doña Ana	Desta simple condición
	se han de tener las criadas.
	¿Qué os he de dar?

Inés	Lo que es mío.

Doña Ana	¿Fías de mí?

Inés	De vos fío	275
	prendas por mi mal halladas.	
	Pero ¿qué estado tenéis?	

Doña Ana	De casarme trato ahora.

Inés	Mejor, dichosa señora,	
	de vueso novio gocéis	280
	que yo gocé mi pollino.	
	¿Cómo se llama?	

Doña Ana	Es su nombre
	don Félix.

Inés	¿Es gentilhombre?

Doña Ana	Lo que es talle peregrino.

Inés	¿Ha mucho que le queréis?	285

Doña Ana	Habrá tres años.

Inés	Yo había
	casi dos que conocía
	el jumento que sabéis;

| | pero yo lloro perdido | |
| | lo que vos tenéis ganado. | 290 |

Doña Ana   ¿Tu nombre?

Inés   Gila.

Doña Ana   El cuidado
del novio recién venido
   no me permite lugar.
¡Julia!

(Sale Julia.)

Julia   Señora.

Doña Ana   Yo ahora
recibo esta labradora   295
porque te pueda ayudar,
   que bien será menester.
Enséñala.

(Vase doña Ana.)

Inés   Yo, so boba,
si no es fregado y escoba,
no hay más que darme a entender.   300

Julia   Vos seáis muy bien venida.

Inés   Por imposible lo tengo,
que, al fin, a la corte vengo,
donde no estuve en mi vida.

Julia	De veras me lo diréis	305
	cuando sepas que es servir.	

Inés	Ya sé que vengo a morir,
	más de lo que vos sabéis.
	¿Es bien acondicionada
	esta señora?

Julia	Con gusto;	310
	pero dándola disgusto,	
	fiera, tigre, áspid pisada;	
	todo el día se le va	
	en sus aguas y en sus galas,	
	en perfumar cuadras, salas	315
	y cuanto en la casa está.	
	Si don Félix escribía,	
	nos daba a todos barato,	
	ya el jubón viejo, el zapato	
	mas si el correo venía	320
	sin cartas, ¡fuego de Dios!	

Inés	¿Tanto le quiere?

Julia	Le adora.

Inés	Descansará esta señora,
	que ya se casan los dos.

Julia	Si no fuera porque tengo	325
	en casa un poco de amor,	
	no sufriera su rigor.	

Inés	Pues yo por lo mesmo vengo.

Julia	Entrad, que os quiero enseñar	
	en lo que habéis de servir.	330

(Vase.)

Inés	¿Cómo eso sabré sufrir?	
	¿Cómo eso sabré esperar,	
	que ya estoy adonde espero?	
	¡Amor, ayúdame aquí;	
	algún remedio me di	335
	de la desdicha en que muero!	
	Cerca el casamiento anda	
	de venirse a ejecutar;	
	¡pues téngole de estorbar,	
	o morir en la demanda!	340

(Vase. Sale don Félix y Lucio.)

Don Félix	¡No conozco a Madrid!	

Lucio	Va por instantes	
	poblándose de ricos edificios.	
	Ya sus enanas casas son gigantes;	
	¡qué portadas, qué ricos frontispicios!	

Don Félix	¿Adónde se hallan tantos materiales	345
	y tanta cantidad destos oficios?	

Lucio	Del Turco dicen que para obras tales	
	da término de solos quince días,	
	en que levantan máquinas reales.	

Don Félix	Serán encantamentos, fantasías.	350

Lucio	No, sino haciendo que diez mil esclavos
	trabajasen juntos con diez mil porfías,
	buscando en las naciones los más bravos
	y juntando, primero que comience,
	desde las piedras los menores clavos.

Lucio   No, sino haciendo que diez mil esclavos
trabajasen juntos con diez mil porfías,
  buscando en las naciones los más bravos
y juntando, primero que comience,
desde las piedras los menores clavos.   355

Don Félix   Esta famosa máquina que vence
mil antiguas ciudades, aunque alguna
apenas a sufrillo se convence,
  ni tiene para mi falta ninguna,
si no es hallar aquel don Pedro en ella,   360
sombra del claro Sol de mi fortuna;
  es pretendiente de doña Ana bella,
y aunque no soy celoso, me ha pesado
que trate, donde estoy presente, della.

Lucio   Si está tu casamiento concertado   365
y ella te quiere a ti, señor, ¿qué importa?
Tú serás escogido, y él llamado.

(Sale Lope.)

Lope   Aquí está el sastre con la capa corta
y el platero también.

Don Félix   ¿Trae el platero
el cabestrillo?

Lope   El nombre me reporta;   370
no sé cuál cortesano caballero
puso a las cadenillas ese nombre.
Pero ya me olvidaba del cochero;
  aquí a la puerta me habló ahora un hombre
que te quiere servir en este oficio.   375

Es mocetón de fuerza y gentilhombre.

Don Félix   Ése es el más importante en mi servicio;
llámale acá.

Lope   Buen hombre, entrad contento,
que ocuparos aquí vuestro ejercicio.

(Entra Hernando, de cochero.)

Hernando   Sabiendo vuestro noble casamiento   380
y el coche que trujistes de Sevilla,
de mi persona os hago ofrecimiento;
sabré serviros en aquesta villa,
que sé todas sus calles y rodeos,
y de algunos lugares de Castilla.   385

Don Félix   Yo quiero agradecer vuestros deseos,
y con satisfacción de vuestro talle,
que pudiera ocupar otros empleos,
dareos cuatro caballos con que calle
el que mejor tiró real carroza.   390

Hernando   Vos lo veréis, andando por la calle.

Don Félix   ¿Sois casado?

Hernando   A Dios gracias, aún se goza
mi libertad de serlo, si bien ando
en seguimiento de una hermosa moza.

Don Félix   Pues yo las pierdo ansí, porque en casando   395
no hay libertad; entréguesele luego,
Lope, que voy ahora procurando

ver mi esposa, galán.

Hernando (Aparte.)   Ya entablo el juego,
que estoy en casa del que Inés adora.
Veré la causa que me tiene ciego.   400

Lope   Ya estáis en casa, y quiero desde agora
que seamos amigos, y mostraros
en aqueste lugar cierta señora.

Hernando   Lope, si yo merezco acompañaros,
ninguna pesadumbre os alborote,   405
que ya entiendo mohadas y reparos.

Lope   Ya entiendo lo que son gente de azote:
soberbios, atrevidos y ligeros,
desde cuando Faetón anduvo al trote.
    Andan en almohadas caballeros,   410
ellos y los que empiedran solamente.

Hernando   Sí, pero los lacayos y escuderos
    es gente deportante y diligente.

Lope   (Bellaco me parece aqueste payo;
aun no le tocan, y la espuela siente.)   415
    Yo me precio de hidalgo, y de lacayo,
ayo del haca soy.

Hernando   Dejemos esto,
y háceme dar en esta boda un sayo.

Lope   Vos os veréis como un sultán compuesto,
de cocheril vaquero ajironado,   420
que caigan mil en la cochera presto.

Hernando	Bebamos la amistad.

Lope
                                          Aquí hay recado.
Sangre diz que les daba Catilina;
¿no era mejor un tinto, en blanco armado?
¡Brindis!

Hernando   ¿A qué salud?

Lope   De Celestina.   425

(Salen don Pedro y Urbano, padre de doña Ana.)

Don Pedro   No me atreviera, a no ser justas quejas,
a daros la de agravio tan notable,
pues vine de Sevilla habrá dos años,
y en vez de llevar premio llevo engaños;
vuelvo otra vez, y veo que don Félix   430
viene a casarse, y que me habéis burlado.
¿Esto hacen caballeros, esto es justo
conmigo, Urbano?

Urbano   Cuando yo escribía,
señor don Pedro, que casar quería
con vos mi hija, estaba satisfecho   435
de la obediencia de su noble pecho,
y por eso os llamé; pero aun apenas
vuestro nombre escuchó, cuando en las venas
tal ponzoña infundí, que fue ventura
no abrille con mi voz la sepultura;   440
ella le adora, y yo lo supe tarde;
si el camino dos veces os enoja,
una joya os daré, que me ha costado

	dos mil ducados.	
Don Pedro	No soy yo de aquellos	
	que con vil interés pueden vencellos;	445
	dalda a don Félix, que vendrá empeñado	
	en los cuatro caballos que ha comprado	
	y la caja del coche, que ha traído	
	por las ventas y aldeas más ruido	
	que le diera a Sevilla en las riberas	450
	del Betis una escuadra de galeras.	
Urbano	Pues no es bien que quedemos enemigos.	
Don Pedro	¿Cómo será posible ser amigos?	

(Sale un Criado, y luego don Félix.)

Criado	Don Félix está aquí.	
Don Félix	¡Dadme las manos!	
Urbano	Seáis, hijo, mil veces bien venido.	455
	En despachando aqueste caballero,	
	hablaros, hijo, y abrazaros quiero.	
Don Pedro	A mí ya no tenéis que despacharme,	
	que desde aquí me doy por despachado,	
	y aun pudiera decir por despechado.	460

(Vase.)

Don Félix	¿Qué es lo que dice aqueste caballero?
Urbano	No es nada; ya se fue, ya es acabado.

¡Hola! Dile a doña Ana que ha llegado
su esposo ya.

(Sale doña Ana.)

Doña Ana   ¡Ya el alma me decía,
con su contento, que mi luz venía!   465

Don Félix   Bien merezco esos brazos, por ausente.

Doña Ana   Mejor diréis que porque estáis presente.

Urbano   Hijos, para ternuras y regalos
de desposados no están bien las canas
presentes; yo me voy hacia palacio,   470
adonde tengo un pleito; hablad de espacio.

(Vase.)

Don Félix   ¡Discreto viejo se mostró tu padre!
No hay cosa en los ingenios que me cuadre
como es el no estorbar.

Doña Ana   Es gallardía,
prudencia y amistad y cortesía.   475
  Mas sentaos, mi bien, aquí,
que tengo muy bien que hablaros.

Don Félix   Pedidme cuenta de mí,
que la misma puedo daros
que cuando partí de aquí.   480

Doña Ana   No es posible que vengáis
tan mío como partistes.

Don Félix	Mucho en esto os engañáis,
	pues entonces me perdistes
	como ahora me ganáis. 485
Doña Ana	Cuando se pasaba el mes,
	y los dos, sin escribirme,
	no era buen compás de pies.
Don Félix	Yo estuve en ausencia firme
	a todo humano interés. 490
Doña Ana	¿Y los bríos sevillanos?
	¿Con quién os entretuvistes?
Don Félix	Vencieron los castellanos.
Doña Ana	Ya sé que no les dijistes:
	¡afuera consejos vanos! 495
Don Félix	Ausencia pone temor,
	que toda su diligencia
	es desesperar a Amor.
Doña Ana	¡Ay, no me tratéis de ausencia,
	que despertáis mi dolor? 500
Don Félix	Ya son esos celos vanos.
	Dadme esas manos.
Doña Ana	También
	es justo que queden llanos,
	y hasta averiguarlos bien
	no me toquen vuestras manos. 505

| Don Félix | Yo os aconsejo mejor, |
| | creyendo mi desengaño. |

Doña Ana	Yo os lo agradezco, señor;
	mas ¿dónde hay mayor engaño
	que en los consejos de Amor?	510
	¿Salud tenéis?

| Don Félix | Si estas manos |
| | me la dan. |

Doña Ana	Tengo recelos,
	y si sanáis son tiranos;
	que bien sabéis que en los celos
	los que matan son los sanos.	515

| Don Félix | ¡Qué mal me tratáis! |

Doña Ana	Soy cuerda
	en que no me merezcáis
	hasta que estos celos pierda;
	que, como no confesáis,
	quiéroos dar tratos de cuerda.	520

Don Félix	Pues si tantos me habéis dado,
	señora, y no he confesado,
	que me traigan agua haced,
	que me ha dado el amor sed.
	y vuestros celos cuidado.	525

| Doña Ana | ¡Hola! Traigan agua aquí, |
| (Sale Inés.) | al señor don Félix. |

Inés	Yo estoy sola aquí, ¡ay de mí!

Doña Ana	¿Y Julia?

Inés	Señora, no.

Doña Ana	¿Irán por el agua?

Don Félix	Sí.	530

Doña Ana	¡Ve presto!

Inés (Aparte.)	¡Ay, cuánta pudieran dar mis desdichados ojos, que nunca a don Félix vieran! Pero, a vengar mis enojos, agua no, que llamas dieran. ¡Esto quiso mi deseo venir a ver! Pues, Amor, paciencia, que ya lo veo; desengañad el temor, que ya mis desdichas creo.	535 540

Doña Ana	¿No vas?

Inés	Estaba pensando si será en vidrio o en oro.

Doña Ana	¡En... presto, y venir volando!

Inés	De las lágrimas que lloro, ya se va el agua formando; ¡no sé qué ha de ser de mí!	545

(Vase.)

Doña Ana	En fin, con agua, ¿queréis confesar?

Don Félix   Señora, sí;
porque más fuego saquéis,   450
si es fragua el amor en mí;
   que el no haberos ofendido
es lo que más cierto ha sido;
no me deis tormento acá:
basta que por vos allá   455
tantos meses le he sufrido.

(Entra Lope.)

Lope   Baja, ¡por vida tuya!, que a la puerta
su padre de doña Ana, mi señora,
con don Pedro ha tenido pesadumbre.

Don Félix   ¿Está ahora con él?

Lope   No sé si es ido.   460

Doña Ana   ¡No vais, por vida mía, que es un loco!

Don Félix   Guardá ese juramento para cosas
que no toquen, señora, a vuestro padre.

Lope   Por fuerza quiere que le case Urbano.

Don Félix   ¿Tan engañado de Sevilla viene?   465

(Vase.)

Lope	Yo pienso que el amor la culpa tiene.

(Inés, dentro.)

Doña Ana	¡Hola, Julia!

Inés   Señora.

Doña Ana   Dile a Julia
que deje el agua; ya se fue don Félix.

Inés   No tengo yo la culpa, si he tardado;
que a Julia le he pedido una toalla,   470
y abriendo un cofre se tardó en buscalla.

Doña Ana   Espaciosa me pareces.

Inés   Pues harta prisa me di
por ver el bien que mereces;
mas ¿cómo se fue de aquí?   475

Doña Ana   Porque vendrá muchas veces.
   Llama ese viejo escudero,
que enviar a mi bien quiero
contigo en un azafate,
unas camisas...

Inés (Aparte.)   ¡Que trate   480
Amor mi causa! ¿Qué espero?

Doña Ana   Él te enseñará la casa,
y tú darás el recado

a don Félix.

Inés (Aparte.)   ¡Lo que pasa
                        por un amor mal pagado,   485
                        y lo que un agravio abrasa!
                            ¡Ea, pues! ¡Ánimo, cielos!
                        A Félix vamos a ver:
                        o son penas, o consuelos;
                        más que gloria puede haber   490
                        adónde intervienen celos?

(Vanse. Salen don Félix y Lope.)

Don Félix   Cuando llegué, ya eran idos.

Lope   ¡Vive el cielo, que me holgara
                        que le hablaras!

Don Félix   Si le hablara.

Lope   ¡Pesar de los mal nacidos!   495
                            Donde tú tratas casarte
                        intentan...; mas no fue tuya
                        la injuria, señor.

Inés   ¿Pues cuya?

Lope   Ese no puede agraviarte;
                            y así es de Lope.

Don Félix   ¿De ti?   500

Lope   Oye, señor, pues es mía:
                        al lacayo que traía

	desafío desde aquí;	
	quiero escribir un papel,	
	que esta noche salga al Prado	505
	en cueros.	

Don Félix	¡Bien lo has pensado,
	que tú lo estarás con él!
	¡Que Don Pedro me persiga
	en Sevilla y en Madrid!

Lope	Querrá, con algún ardid,	510
	que Urbano otro intento siga.	
	Dirá de tus cosas mal.	

| Inés | Ya, ¿qué mal me puede hacer? |
| | Ella ha de ser mi mujer. |

Lope	¿Y él, por ventura, es tu igual?	515
	¿No eres tú Carpio, sobrino	
	del famoso don Miguel	
	del Carpio, que hoy cuentan dél	
	un valor casi divino?	
	¿Qué puede decir de ti,	520
	que mañana te darán	
	un hábito?	

(Sale Lucio.)

Lucio	Afuera están
	preguntándome por ti,
	de mi señora doña Ana
	dos criados.

| Don Félix | Entren luego. | 525 |

(Salga Inés y Ramírez.)

Inés	Al último punto llegó de mi desdicha inhumana.
Ramírez	Dale tú, Inés, el recado que mi señora te dio.

Inés	¡Pardiez, Ramírez, que yo 530
	le tengo mal estudiado!
	    Y perdonadme, señor,
	que ha poco que sirvo en casa,
	si es poco lo que se pasa
	adonde hay celos y amor. 535
	    Vine a servir a Madrid,
	desde el valle del Lozoya,
	y temo que en esta Troya...

Don Félix	Pues ¿de qué os turbáis?, decid.
Inés	He de perderme, si Dios 540 no pone remedio en mi.
Don Félix	¿Adónde este rostro vi? Di, Lope, ¿dónde los dos hemos visto a esta mujer?
Lope	Ya sé que en Inés reparas. 545
Don Félix	¿Puede dos iguales caras la Naturaleza hacer? Tengo para mí que es ella. ¿Cómo os llamáis?

| Inés | Yo, señor, |
| | Gila. |

Don Félix	El habla es el mayor	550
	testigo o retrato en ella.
	¡Ramírez!

| Ramírez | Señor. |

| Don Félix | ¿Quién es, |
| | y de dónde, esta criada? |

Ramírez	No está la pobre enseñada,
	no ha que está en Madrid un mes;	555
	de Sayago la trujeron
	a mi señora doña Ana,
	que por rústica villana
	en casa la recibieron;
	porque, en gracioso lenguaje,	560
	muestra buen entendimiento.

| Don Félix | Ello fue mi pensamiento. |

Inés	Pudiera venir un paje
	que diera aqueste recado
	sin vergüenza y con destreza,	565
	y enviaron mi simpreza.

| Don Félix | ¡No he visto mayor traslado! |

| Lope | No hay más de ser más villana. |

| Don Félix | Decidme, buena mujer, |

    ¿cómo vinistes a ser   570
    de mi señora doña Ana?

Inés   Si yo buena mujer fuera,
    no anduviera por acá,
    que mejor me estaba allá,
    por pobre mujer que fuera;   575
     mas este negro de Amor,
    que también anda en Sayago,
    como en Roma o en Cartago,
    tuvo la culpa, señor;
     andábase un hidalgote,   580
    hablando con remanencia,
    a caza de mi inocencia,
    ya por la posta, ya al trote,
     y con bravas correrías,
    come, en la corte se usa;   585
    mas entendile la musa,
    y fue las manos vacías;
     aunque, si digo verdad,
    quedé con más picaduras
    que unas botas. ¡Qué locuras, 590
    qué enredos, qué necedad!
     Fue tal mi desesperanza,
    que determiné dejar
    mi tierra y venir al mar
    de confusión y mudanza;   595
     traía un negro pollino,
    aunque era pardo, señor,
    en posesión andador
    y en esperanza mohíno;
     porque, viendo el alcacel,   600
    no aguardara la cebada
    si se la dieran tostada;

así pegaba con él;
éste, al fin, se me perdió,
y llorando, una mañana   605
a mi señora doña Ana
mi inocencia preguntó
  si del pollino sabía;
cayola en gracia a la fe,
y en su casa me quedé,   610
donde veré cada día,
  para que el dolor reporte
que de su agravio sentí,
el pollino que perdí,
entre mil que hay en la corte.   615

Don Félix   ¡Extremada es la mujer!

Ramírez   Ella no ha dado el recado;
mas, supliendo el que no ha dado,
que no debe de saber,
  sabed, señor, que os envía   620
estas camisas ahora,
y estos cuellos, mi señora,
que puesto que es niñería,
  por ser labor de su mano
se atreve, aunque echa de ver   625
que es necedad ofrecer
ropa blanca a un sevillano.

Don Félix   Bésoos mil veces los pies,
amigo, por el favor.

Inés   Las manos fuera mejor,   630
pues la labor dellas es.
  ¡Cuáles son los cortesanos,

destos de querer besar!
Palabra no se ha de hablar
sin besar, o pies, o manos;   635
   por esto en Madrid se haría
la fuente de Lavapiés,
que lavárselos bien es,
besándolos cada día.

Don Félix   ¡Lope!

Lope   Señor.

Don Félix   Al cochero   640
llama.

Lope   ¡Hola, Hernando!

(Sale Hernando.)

Hernando   ¿Señor?

Don Félix   Soy a mi esposa deudor,
pagarla el presente quiero;
   pon, Hernando, esta criada
en el coche, y a mi esposa   645
le presenta, aunque era cosa
que ya estaba presentada.
   Dile que esto le he traído
de Sevilla.

Inés   Pues ¿a mí
me traéis en coche?

Don Félix   Sí.   650

Inés	La palabra habéis cumplido;
	ya no tengo que quejarme.
Don Félix	Dale, Lope, diez doblones
	a los dos.
Lope	Voy.
Inés	¡Qué ocasiones
	de perderme y de acabarme! 655
Lope	Venid vos por el dinero.
Ramírez	¡Vivas mil años, señor!

(Vanse todos; quedan Hernando y Inés.)

Hernando	Venid al coche.
Inés	Mejor
	os iréis solo, cochero.
Hernando	Esa voz he conocido. 560
Inés	Id con Dios.
Hernando	¿Qué es esto, Inés?
Inés	¡Qué sé yo! Desdicha es
	de un pensamiento atrevido.
Hernando	No me atrevo a darte culpa
	del nuevo traje en que está, 565

pues en el mío dirás
que hallaste, Inés, la disculpa.
   Parece que adiviné
que habías de ser señora
a quien yo llevase ahora   570
en el coche que busqué;
   ¡qué honroso oficio aprendí,
pues vino mi coche a ser
el del Sol, viniendo a ver
que le llevo todo en ti!   575
   Mas ayer oí cantar
que despeñado, un mancebo,
por lo mismo que me atrevo,
cayó abrasado en el mar.
   Tú, pues eres Sol, mejor   580
podrás guiar los caballos,
que yo podré despeñallos
con este mi ciego amor;
   pero ven, que estás corrida
de que te haya hallado aquí   585
y de que hay amor en ti
de que estés agradecida.
   Los dos vamos a servir
a una casa; sea en buenhora:
tú al señor, yo a la señora,   590
tú a esperar y yo a morir;
   allí nos hemos de ver,
aunque te pese. ¿Qué escondes
el rostro? ¿No me respondes?

Inés   ¿Qué tengo que responder?   595

(Vase.)

Hernando	Pidió Faetón al Sol el carro de oro,	
	venció al importunado padre el ruego,	
	diole las riendas y, corriendo, luego	
	vino a parar sobre el Atlante moro;	
	allí, vertiendo de uno y otro poro,	600
	en cambio de sudor, llamas de fuego,	
	cayó sobre el Herídano, que, ciego,	
	le dio sepulcro en lamentable coro.	
	No menos yo, por más ardiente polo	
	el carro deste Sol a llevar pruebo;	605
	¡ingrata!, más que Dafne con Apolo,	
	hoy a mayor hazaña el alma atrevo,	
	pues si aquél se perdió con un Sol solo,	
	yo con dos soles que en tus ojos llevo.	

(Vase. Salen doña Ana y Urbano.)

Urbano	¡Está don Pedro en esto porfiado!	610

Doña Ana	Holgueme que don Félix no le hallase.	

Urbano	Pero diré mejor enamorado,	
	aunque no temas que adelante pase.	

Doña Ana	¿No le has dicho que estaba concertado	
	primero que pedirme imaginase?	615

Urbano	Entre vosotros sí, mas no conmigo,	
	porque es toda la culpa que le digo.	

Doña Ana	Pues bien, ¿qué hemos de hacer? ¿Puedo partirme	
	para don Félix, y con él casarme	

Urbano	Todo es cansarme, y todo referirme	620

su sangre, de que yo debiera honrarme.

Doña Ana   Pues, en eso, ¿qué tiene que decirme?
Cuantos nacieron pueden envidiarme,
que es don Félix del Carpio la nobleza
del mundo, y celestial su gentileza.   625

(Sale Julia.)

Julia   De un coche que puede al Sol
servir de rica litera,
dentro terciopelo verde,
con mil doradas tachuelas
sobre molinillos de oro,   630
y cerradas las cubiertas;
las cortinas de damasco,
con sus franjas de oro y seda,
que están llamando las manos
a quitallas y a ponellas;   635
con cuatro caballos blancos,
y las guarniciones negras,
rizas las clines en lazos
e cintas rojas, se apean,
¿quién dirás?, Gila y Ramírez,   640
que tu esposo te presenta
en cambio de las camisas
joya de tanta riqueza.

(Salgan Hernando, Inés y Ramírez.)

Hernando   Dadme, señora, los pies.

Doña Ana   ¡Buen cochero!

Hernando	Será buena	645
	la voluntad de serviros;	
	pero, si no lo es, la muestra	
	el coche que mi señor	
	presenta a vuestra belleza	
	bien sé que es digno de vos.	650

Doña Ana Cuando la persona vuestra
no me obligara, bastara
el ser de mi esposo prenda.
¿Venís con él de Sevilla?

Hernando No, señora; aunque eso fuera   655
para mí mucha ventura.

Ramírez Dile, Gila, cómo queda,
si no te turbas también.

Inés A la he, señora nuestra,
que el coche me ha mareado,   660
como soy en ellos nueva,
No traigo más que decir.
¿Quién me trujo de las eras
a pasar de trillo a coche?

Doña Ana ¡Ramírez!

Ramírez Señora.

Doña Ana Lleva   665
a este buen hombre contigo,
y enséñale la cochera.
Mirad que he de regalaros,
¿Cómo os llamáis?

Hernando	No quisiera
	irme. Yo, señora, Hernando. 670
Doña Ana	Hernando, la vez primera
	habéis de ir mañana a Atocha.
Hernando	Vos veréis mi diligencia.
Urbano	¡Qué loca está!
Doña Ana	¿No es razón?
	¿Qué mujer habrá que pueda 675
	llegar a mayor ventura?
Inés (Aparte.)	Mis enredos aquí entran,
	que yo he fingido un papel
	con tal industria y tal fuerza,
	que pienso que el casamiento 680
	desbarata y desconcierta.
	Oye aparte.
Doña Ana	¿Qué me quieres?
Inés	Un señor, no sé quién era,
	viniendo ahora en el coche
	me dio este papel.
Doña Ana	Enseña. 685
(Entre Urbano.)	Pero mi padre ha venido.
	Ya no es tiempo que yo lea
	papel de nadie, señor,
	que no sea en tu presencia;
	dice aquella que un hidalgo 690

se lo dio en el coche.

Urbano   Espera,
que le quiero yo leer,
pues es tan clara la letra.

«La lástima que os tengo, señora doña Ana, me ha
obligado a escribiros, que este caballero con quien os
casáis es morisco, y asimismo lo es su criado; ya se les
hace la información para echallos de España. Su agüelo
de don Félix se llamaba Zulema y el de Lope, lacayo,
Arambel Muley, que eso del Carpio es fingido, porque
con los dineros que ganó su padre a hacer melcochas
en el Andalucía ha comprado la caballería con que os
engaña.»

Doña Ana   ¡No leas más!

Urbano   ¿Hay maldad
como aquesta?

Doña Ana   Si no reina   695
envidia en quien te escribió,
en obligación le quedas.
¿No puede ser esto envidia?

Inés   Tú por envidia la tengas,
que yo pensé que sabías   700
de don Félix la flaqueza,
porque es público en la corte.

Doña Ana   ¿Tú lo has oído?

Inés   Y apenas

	puse los pies en tu casa,	
	cuando me dijeron della	705
	el desatino que hacías.	

Doña Ana   Que Lope morisco sea,
                  aun lo parece en la cara;
                  mas don Félix...

Inés   Si te ciega
                  Amor...

Urbano   Ahora bien, doña Ana: 710
                  séalo o no, no quisiera
                  marido con esta fama;
                  don Pedro es noble y te ruega,
                  mudemos de pensamiento.

(Sale Ramírez.)

Ramírez   Ya Hernando, señora, queda   715
                  albergando los caballos.

Julia   ¡Calla, que hay mil cosas nuevas!

Ramírez   ¿Cómo?

Julia   Don Félix y Lope
                  son moriscos.

Ramírez   ¿Qué me cuentas?

Julia   De España quieren echallos;   720
                  la información está hecha.

Ramírez	De Lope siempre temía, Julia, que morisco era: cara tiene de quemado.	
Julia	De don Félix fue Zulema agüelo, y del bellacón de Lope, ¡maldita sea el ánimo que le quiso!, Muley Arambel.	725
Ramírez	Pues quedas desengañada, aquí estoy, que canas sin tiempo llegan. También hay rocines blancos.	730
Doña Ana	¿Es don Félix?	
Urbano	Ten prudencia.	

(Salgan don Félix y Lope.)

Don Félix	Solo haber en vuestro nombre hecho este coche en Sevilla...	735
Doña Ana	¿Que este es morisco?	
Ramírez	En Castilla no hay moro tan gentilhombre.	
Inés	Puede disculpar, señora, la bajeza del presente. ¿No me habláis?	
Doña Ana	Cierto accidente	740

me acaba de dar ahora,
de que no me siento buena.

Don Félix   ¿Qué es esto, señor?

Urbano   No sé.

Doña Ana   Más de espacio le miré,
no en balde la fama suena.   745
   Morisco me ha parecido,
y aun en el hablar también.

Don Félix   ¿Habláis conmigo, o con quién?

Urbano   Un poco estoy desabrido.
   No estoy para negociar.   750

Don Félix   Pues, señora, ¿qué es aquesto?

Urbano   Él tiene de moro el gesto,
y aun lo parece en hablar.
   Perdonad, señor, que voy
a mis negocios.

(Vase.)

Don Félix   Señora,   755
¿desdenes conmigo agora
que vuestro marido soy?

Doña Ana   ¿Mi marido? ¿Cómo o cuándo,
qué clérigo nos casó?
Éntrate Julia.

(Vase doña Ana y Julia.)

Don Félix   Si yo.   760
                        Lope, estuviera soñando,
                        ¿pensara este desatino?

Lope   ¡Hola, Ramírez, detente!

Ramírez   ¿Qué quieres, impertinente?

Lope   Mira que don Félix vino   765
                        desde Sevilla a casarse
                        por cartas, y no es razón
                        que don Pedro

Ramírez   Esta ocasión
                        a nadie debe imputarse.
                        De don Félix los agüelos   670
                        y los tuyos son culpados.

Lope   ¿No escuchas estos criados?

Don Félix   Mis agüelos, o los celos
                        de don Pedro?

Ramírez   ¿Pues es bien,
                        don Félix o calabaza,   675
                        que ande tu honor en la plaza
                        y que por moro te den,
                        y te hagan información
                        para que de España salgas,
                        y con sangres tan hidalgas   680
                        quieres mezclar tu nación
                        y la secta de Zulema,

y el Lope cuyos abuelos
vivían de hacer buñuelos
en cuyo aceite se quema,   685
    con Julia, que es como el Sol?
¡Váyanse perros a Argel,
y, pues Muley Arambel,
el melcochero español
    fue abuelo suyo, lacayo,   690
aquí jamás los pies meta,
que voy por una escopeta.
y quisiera por un rayo!

(Vase.)

Lope   ¿Qué es esto?

Don Félix   Estoy sin sentido.

Lope   ¿Tú Zulema, y yo Arambel,   695
                  y que nos vamos a Argel?

Don Félix   Traición de don Pedro ha sido.

Lope   La puerta nos han cerrado.

Don Félix   Llama, que será razón
                  que demos satisfacción,   700
                  pues que nos han engañado.

(Ramírez, en lo alto.)

Lope   ¡Ah de casa!

Ramírez   ¿Quién va allá?

Don Félix	Abre, engañado escudero.
Ramírez	Señor Zulema, no quiero; que no entran moros acá.

705

Don Félix	Dile a tu señor que oyendo sabrá engaño tan sutil.
Ramírez	He de colgar un pernil para que vayan huyendo.
Lope	¿Vos sabéis con quién habláis?

710

Ramírez	¿Y no saben quién son ellos?
Don Félix	¿Yo Zulema?
Lope	¿Yo Arambel?
Ramírez	¿Más que les suelto un lebrel a que se muerda con ellos?
Lope	¡Hola, escudero! Yo he sido

715

el que el tocino inventó;
yo los puercos engendré,
mía la invención, ha sido.

Don Félix	Él se fue; torna a llamar.
Lope	¡Ah de casa! ¿Qué es aquesto?

720

¿Cómo la envidia tan presto
a tantos pudo engañar?

(Sale Inés, en lo alto.)

Inés	¿Qué bellaquería es esta?
	¿Aquí llaman? ¿No hay justicia?

Don Félix   Gila, mira que es malicia,   725
y si mil vidas me cuesta,
   lo tengo de averiguar;
que este don Pedro ha trazado,
como me vio ya casado,
hacerme aqueste pesar.   730
   Yo soy Carpio de Castilla,
y de mi linaje hay hombre
que hoy se acuerda de su nombre
el castillo de Sevilla.
   Di a doña Ana, que esta red   735
es una necia porfía.

Inés   Si supiera algarabía
hablara a vuesa merced,
   a quien suplico se vaya
de Madrid, que estos hidalgos   740
no van a caza con galgos,
que es su origen de Vizcaya,
   y son Alderetes finos;
fuera de que en esta casa
solo don Pedro se casa.   745

Don Félix   Haré dos mil desatinos.
   ¡Gila, Gila!

Lope   Ya se fue.

Inés   Si no dejan la perrera

haré que salga allá fuera
quien mucho azote les dé.   750
　　¡Cuál el perrazo venía
con su carlanca de cuello
a gozar un ángel bello
y a manchar tanta hidalguía!
　　Y el alano del lacayo,   755
haciéndose braco humilde
con la desollada tilde
que le cubre el color bayo.
　　Váyanse luego de aquí
o pondreles una maza.   760

(Vase.)

Don Félix　　　¡Rompe esas puertas!

Lope　　　　　　　　　　　　No es traza
　　　　　　　discreta infamarte ansí.

Don Félix　　　　¿Pues téngome de quedar
　　　　　　　con ser Zulema de Argel?

Lope　　　　　¿Y yo Muley Arambel?   765

(Salgan don Pedro y Leonelo.)

Don Pedro　　　Dile que le quiero hablar.

Leonelo　　　　　Don Félix está a la puerta.

Don Félix　　　¿No es éste don Pedro?

Lope　　　　　　　　　　　　Sí.

Don Félix	Quisiera estar más en mí
	en traición tan descubierta, 770
	para solo preguntaros
	qué demonio os engañó
	a decir aquí que yo
	soy morisco, por casaros.
	No suelen los caballeros 775
	con tan malas intenciones
	intentar sus pretensiones;
(Va a meter mano.)	si no...

Don Pedro	Tened los aceros;
	mirad que os han engañado.

Don Félix	Urbano me ha dicho aquí 780
	que soy morisco.

Don Pedro	¿Y que fui
	de quién ha sido informado?

Don Félix	A mí no me han dicho quién.

Don Pedro	Pues es muy buen desatino
	ser en mi agravio adivino, 785
	y esto trataremos bien
	en el campo, en que os aguardo.

Don Félix	Caminad, que voy tras vos.

Leonelo	¿Qué habemos de hacer los dos
	señor hablador gallardo? 790

Lope	Lo mismo, seor bravonel;

114

que ha de decirme en el suelo
de qué sabe que mi abuelo
era Muley Arambel.

Leonelo   ¿Yo he dicho tal?

Lope   En Madrid   795
han hecho este falso estruendo.
Pues ¡vive Dios! que diciendo
de un estornudo del Cid.

Fin de la segunda jornada

Jornada tercera

(Salen Hernando y Bartolomé.)

Bartolomé	Mucho me huelgo de verte.
Hernando	¿Y el hábito, no te agrada?
Bartolomé	En efeto, ¿eres cochero?

Hernando   Faetón soy de aquesta casa,
donde llevo al Sol de Inés   5
aunque ya, por mi desgracia
y el engaño de don Félix,
no estoy en la de doña Ana.

Bartolomé   ¿Qué, en efeto, fue mentira?

Hernando   Era su nobleza tanta,   10
que presto honrará los pechos
de la Cruz de Calatrava.
Salió al campo con don Pedro;
hiriole, mas no fue nada
porque llegó la justicia.   15

Bartolomé   Era el don Pedro la causa
del testimonio?

Hernando   Yo creo
que fue del demonio traza,
que presto tendrá la verde
o roja de Calatrava,   20
por servicios de sus padres,
y con papeles que bastan

                       para mayores empresas.

Bartolomé   Pues ¿de qué son tus desgracias?

Hernando   De que con aquel enojo,   25
                   don Félix casarse trata
                   en otra parte, y sospecho
                   que más que amor es venganza.
                   Hay aquí una doña Elena,
                   rica, de buen talle y gracia,   30
                   hija de Fulgencio sola,
                   con quien don Félix se casa.
                   Con esto, de ningún modo
                   tienen licencia mis ansias
                   de entrar para ver a Inés.   35

Bartolomé   En mil laberintos andas;
                   pero ya tu cobardía
                   es muerte de tu esperanza.
                   Entra, no estés a la puerta
                   ni mires por las ventanas;   40
                   que tú no has tenido culpa
                   en sus disgustos.

Hernando   Repara
                   en que está doña Ana.

Bartolomé   Llega,
                   no te acobardes de hablalla,
                   que si ella ha tenido amor   45
                   a don Félix, no se pasa
                   tan presto que no se alegre
                   de verte.

Hernando	Afuera me aguarda.

(Sale doña Ana.)

Doña Ana	Hernando, seas bien venido.
	¿Cómo nos olvidas tanto?	50
	De tu ingratitud me espanto.

Hernando	Nunca, señora, lo he sido,
	sino que este desatino
	del testimonio pasado,
	para verte me ha quitado	55
	atrevimiento y camino.

Doña Ana	¿Cómo a don Félix le va?
	¿Quiérele mucho? ¿Está buena
	la señora doña Elena?

Hernando	Bien le quiere, y buena está.	60

Doña Ana	¿Cómo va de casamiento?

Hernando	Eso está muy adelante.

Doña Ana	¿Cómo la probanza importante?

Hernando	Con mucho enojo le siento
	de los que le han levantado,	65
	aunque ha cobrado su honor.

Doña Ana	¿Y está acaso tu señor
	Como primero engañado?

Hernando	La culpa te pone a ti

por don Pedro.

Doña Ana   Dios lo sabe.   70
¿Y Lope, está ya muy grave?
¿Qué dicen los dos de mí?

Hernando   A todos nos ha mandado
que nadie tome en la boca
tu nombre.

Doña Ana   Vuélvome loca.   75
En fin, ¿está enamorado
de doña Elena?

Hernando   Él lo dice;
pero yo trayo en los ojos
que no es amor.

Doña Ana   Pues ¿qué?

Hernando   Enojos.

Doña Ana   ¿Tan gran ofensa le hice?;   80
pero ya es mucha venganza.
¿Va Elena en el coche ya?

Hernando   En él muchas veces va.

Doña Ana   ¡Ay De mi loca esperanza!

Hernando   Hoy me ha mandado llamar,   85
que a la feria quiere ir.

Doña Ana   Ya no lo puedo sufrir;

muriendo estoy por llorar.
Vete, Hernando, que no quiero
que te halle mi padre aquí.   90

Hernando   Perdona si te ofendí.

Doña Ana   Vete con Dios. ¡Rabio y muero!
                Julia.

(Vase Hernando, y sale Inés.)

Inés   ¿Qué mandas, señora?

Doña Ana   Maldiga Dios tu papel,
                pues que vengo a estar por él   95
                en tanta desdicha ahora

Inés   Y yo, ¿qué habré negociado
                si se casa con Elena?

Doña Ana   ¿Qué dices?

Inés   Que de tu pena
                tengo el pecho lastimado,   100
                  y que echándome a pensar,
                aunque ruda labradora,
                en tus desdichas, señora,
                un remedio vine a hallar;
                  mas es muy dificultoso.   105

Doña Ana   Di, aunque me cueste la vida.

Inés   Pues oye, si eres servida,
                un pensamiento ingenioso.

Cuando, en mi tierra vivía,
donde Elena hacienda tiene, 110
supe esta historia, que viene
a ser parte de la mía:
    Un hermano de Fulgencio,
padre de Elena, que fue
a las Indias...

Doña Ana   Ya lo sé. 115

Inés   Pues hasme de dar silencio.
          Llevó solo un rapacillo,
primo de Elena, que ya es
grande. O sea el interés,
que nunca me maravillo, 120
    o la sangre, han concertado
los hermanos que los primos
se casen.

Doña Ana   Mucho ha que oímos
que está entre los dos tratado.

Inés   Esperándole estuvieron. 125

Doña Ana   Es verdad; pero han sabido
que es muerto o preso, que ha sido
la causa porque le dieron
    a don Félix la palabra
de casarle con Elena. 130

Inés   Oye, pues, que en tela ajena
tal vez el ingenio labra.
    Una vez me disfracé
de hombre en mi tierra, y decían

que mis bríos parecían   135
de hombre, del cabello al pie.
   Yo quiero, en hombre trocada,
fingir que soy el sobrino
de Fulgencio, y de camino,
bota y espuela calzada,   140
   dar por la posta en su casa.

Doña Ana   ¿Y allí dentro qué has de hacer?

Inés   Pedírsela por mujer,
y tú verás que se abrasa
   en dos días de mi amor,   145
y que a don Félix descaso,
y que vuelve a todo paso
a pretender tu favor.

Doña Ana   Estoy mirándote atenta;
demonio debes de ser.   150

Inés   No soy; pero soy mujer,
que más que el demonio inventa.

Doña Ana   Pues ¿dónde hallarás vestidos?

Inés   Yo los buscaré, y criados.

Doña Ana   ¿Qué has menester?

Inés   Mil ducados,   155
porque los recién venidos
   de Indias tienen aquí
opinión de miserables,
y es menester que me entables,

porque el dar vence.

| Doña Ana | Es ansí. | 160 |

Un sátiro vi muy feo
en una tabla pintado,
del estudio de un letrado,
y en medio de un güerto hibleo
una dama muy hermosa,   165
a quien unas joyas daba,
por quien ella le abrazaba,
blanda, tierna y amorosa.
    Conquista tú, gasta, luego
los mil te pondré en la mano.   170

Inés   Ve por ellos.

Doña Ana   Hoy, tirano,
te ha de confundir mi fuego.

(Vase doña Ana.)

Inés   Esta, con su desvarío,
piensa que en mi fingimiento
su vano remedio intento,   175
y voy procurando el mío.
    En que no se case fundo
mi envidia; de celos muero;
yo desconcerté el primero,
lo mismo haré del segundo.   180
    Con la industria es cosa llana
que Félix queda excluido,
porque no ha de ser marido
de Elena, ni de doña Ana.

(Vase, y sale don Félix y Lope.)

Don Félix	Todo me sucede bien;	185
	Madrid se ha desengañado.	
Lope	Ahora está más honrado	
	y más vengado también.	
Don Félix	¿Que haya lenguas en el mundo	
	que un testimonio levanten?	190
Lope	De que estas cosas te espantan	
	me espanto.	
Don Félix	En mi honor lo fundo.	
Lope	Pues ¿úsase cosa tanto	
	como testimonios ya?	
Don Félix	Lleno este lugar está.	195
Lope	De lo que sufren me espanto.	
Don Félix	¿No se puede remediar?	
Lope	Es oficio, de demonios.	
Don Félix	Mas levantar testimonios	
	es a veces levantar;	200
	que aunque padecen con ellos	
	mientras no son conocidos,	
	muchos que estaban caídos	
	se han levantado por ellos.	

Lope	No escucharás en corrillos	205
	de hombres, que mirar podrían	
	sus cosas, que al vulgo fían	
	vinagres, quitapelillos,	
	sino Fulano es un tal,	
	y una tal por cual Fulana,	210
	pues en casa de Zutana	
	no se bate el cobre mal,	
	y mil nuevas mentirosas	
	contra el honor de mil gentes.	

Lope   No escucharás en corrillos   205
de hombres, que mirar podrían
sus cosas, que al vulgo fían
vinagres, quitapelillos,
   sino Fulano es un tal,
y una tal por cual Fulana,   210
pues en casa de Zutana
no se bate el cobre mal,
   y mil nuevas mentirosas
contra el honor de mil gentes.

Inés   Son lenguas impertinentes,   215
y son vidas siempre ociosas.
   No hay ley más santa en la tierra
que castigar los ociosos.
Yo muero.

Lope   Tus generosos
padres, ya en paz, y ya en guerra,   220
   bastantemente has probado;
pero yo, ¡triste de mí!,
que me he de quedar aquí
por pobre y por desdichado,
   conque Muley Arambel   225
fue mi abuelo melcochero,
¿qué humano remedio espero
si me pasasen a Argel?

Don Félix   Pues, necio, si levantaron
el testimonio a los dos,   230
lo que yo, gracias a Dios,
pruebo, por los dos probaron.
   No tienes ya qué temer.

Lope	Ya si este moro de España	
	Azarque fuera, el de Ocaña;	235
	Zayde, el de Zocodover;	
	Tarfe, el de Vivataubín;	
	Albayaldos, el de Olías,	
	tuvieran las dichas mías	
	menos de bajeza, en fin;	240
	¡pero Muley Arambel!	

Don Félix   ¡Quedo, que Fulgencio es éste!

Lope   Hijo soy de un arcipreste
muy católico y fiel.

(Sale Fulgencio, viejo.)

Fulgencio	Perdonad si tan presto no he salido,	245
	en cartas y en papeles ocupado,	
	don Félix, mi señor, si sois servido.	

Don Félix	El señor seréis vos, y yo el criado.	
	Vengo con la respuesta de Leonido,	
	que me ha dicho que estáis determinado	250
	a honrarme en vuestra casa tan contento,	
	que me ha de enloquecer mi pensamiento.	
	Dadme esas manos como a hijo vuestro.	

Fulgencio	Señor don Félix, yo he ganado tanto,	
	que si ahora en palabras no lo muestro,	255
	es porque no podré deciros cuánto	
	Hoy se confirma el parentesco nuestro,	
	y aun hoy puedo decir que me levanto	
	al más alto lugar que la Fortuna	
	pudiera darme en ocasión ninguna.	260

127

No he dado parte desto a doña Elena,
si bien ha conocido que lo trato;
con que ya de su primo está sin pena;
que Amor es con los muertos siempre ingrato.
Y pues del vuestro ya no vive ajena,   265
vencer fácilmente su recato
con pintar vuestro méritos, si puedo.

Don Félix   Para tantas mercedes, corto quedo.
En fin, señor, haremos escrituras
luego que le digáis vuestro deseo.   270

Fulgencio   Puesto que las palabras son seguras
siempre en las firmas, la firmeza creo.

Inés   Hoy pueden envidiarse mis venturas,
pues en la posesión cierta que veo
del bien que gozaré seguro y firme,   275
yo voy, si lo mandáis, a prevenirme.

Fulgencio   El cielo os guarde y haga tan dichoso
como deseo.

Don Félix   Vuestro mismo aumento
le pedís en mi bien.

Lope   Ya que es forzoso,
te doy el parabién del casamiento.   280

Don Félix   Lope, yo sé que ha sido un hecho honroso
y digno de mi noble pensamiento.

Lope   Como no te arrepientas...

Don Félix	No lo creas.
Lope	Líbrete el cielo que a doña Ana veas.

(Vanse. Salga doña Elena y Fulgencio.)

Doña Elena	Aguardando a que se fuese	285
	don Félix, no entraba a hablarte.	
Fulgencio	Yo, Elena, quería buscarte.	
	Pero más cuidado es ése.	
	¿Quién duda que habrás oído	
	esto que habernos tratado?	290
Doña Elena	Sospecho que me has casado.	
Fulgencio	¿Sabes quién es tu marido?	
Doña Elena	Si me culpas de que fui	
	cuidadosa en escuchar,	
	¿cómo lo puedo ignorar?	295
Fulgencio	¿Y podré decille sí?	
Doña Elena	Yo no sé qué me convenga	
	para mi remedio más	
	de aquello que tú me das.	
Fulgencio	¿Quién hay que las partes tenga	300
	deste ilustre caballero	
	de los de su calidad?	
Doña Elena	¿Y tiene ya libertad	
	del casamiento primero?	

Fulgencio	Justamente aborreció	305
	don Félix esa mujer.	

Doña Elena	Celos debieron de ser.

Fulgencio	Elena, lo que sé yo	
	es que él probó su nobleza	
	de hecho y notorio solar.	310

(Sale Mendoza, criado.)

Mendoza	A los dos vengo a buscar,
	haciendo mi ligereza
	de otro Mercurio los pies.

Fulgencio	Sosiega un poco el aliento.	
	¿Son de tristeza, o contento?	315

Mendoza	¡Dame albricias!

Doña Elena	Di lo que es.

Mendoza	De dos postas ya se apean	
	en la puerta del zaguán	
	un caballero galán,	
	en cuyo rostro se emplean	320
	las galas famosamente,	
	y otros en forma de pajes,	
	en menos bizarros trajes,	
	y todos lucida gente;	
	mucha pluma, brava espuela,	325
	dorada cadena y banda,	
	bota y calceta con randa,	

lindos forros, todo es tela;
    y, si no lo entendí mal,
viene diciendo, señor,   330
que es tu sobrino.

Fulgencio   En rigor,
la nueva mudanza es tal;
    mas de ver a mi sobrino,
que era muerto en mi opinión,
a tal tiempo y ocasión,   335
y cuando don Félix vino
    a que palabra le diese
de darle a Elena, y la he dado,
puesto que estoy disculpado,
no te espantes que me pese;   340
    pero ¿qué se puede hacer?

(Salga Inés, de camino, botas y espuelas, y dos criados: Cabrera y Ribas.)

Mendoza   Ya llega.

Inés   Esos pies te pido.

Fulgencio   ¡Seas, don Juan, bien venido!

Inés   Pues os he llegado a ver,
                    tras tanta fortuna y mar,   345
                 bien os merezco ese nombre.

Fulgencio   ¡Qué gallardo y gentilhombre!
                 Elena, llégale a hablar.

Inés   ¿Es mi prima?

Doña Elena	¡Primo mío!
	¿Jesús, qué grande venís! 350

Inés	Llego al cielo, bien decís.
	¡Lindo talle!

Mendoza	¡Hermoso brío!

Fulgencio	La pena de su venida
	su presencia me ha quitado;
	ya sea muy bien llegado, 355
	aunque me cueste la vida.
	Yo, hijo, como te vi
	niño, no te conociera,
	si en otro lugar te viera.

Inés	Pues yo a vos, mi señor, sí; 360
	aunque bien sé que os dejé
	con menos canas.

Fulgencio	La edad
	vuela.

Inés	Si digo verdad,
	cuando mi padre se fue
	no puse con tantas veras 365
	en mi prima la memoria,
	que saben poco de historia
	nuestras edades primeras;
	y así, por todo el camino
	mil ideas fabriqué, 370
	pero con ninguna hallé
	donaire tan peregrino.
	¡Está hermosa! Dios la guarde.

Muchos años la gocéis.

Fulgencio   ¿Cómo venís?

Inés   Ya lo veis.   375

Fulgencio (Aparte.) ¡Que te viniese esta tarde
                     don Félix a persuadir!
                     ¿Y mi hermano?

Inés   Bueno queda.

Fulgencio   ¿Cartas?

Inés   ¿Quién habrá que pueda
              criados viejos sufrir?   380
                  Con las ropas las dejaron
              en un baúl, en Sevilla.

Fulgencio   Descuidos, no es maravilla

Inés   Mucho, señor, me enojaron,
                  porque quedaron allí   385
              los regalos de mi prima;
              cosas de valor y estima.

Ribas   Esa culpa estuvo en ti,
                  porque queriendo tomar
              la posta fuera imposible   390
              traerlas.

Cabrera   Será posible
              esta semana llegar,
                  porque al hombre prometí

buenas albricias.

Inés   ¡Por Dios,
que hagáis, Gonzalo, los dos   395
diligencia!

Cabrera   Harase ansí.

Fulgencio   ¡Qué malas nuevas me dieron,
sobrino, de vos!

Inés   Señor,
en las alas de mi amor
mis deseos me trujeron;   400
    en gran peligro me vi.

Doña Elena   De unas naves extranjeras
nos contaron mil quimeras

Inés   Entre pichelingues di;
    llegaron diciendo: «Amaina,   405
amaina, español»; mas luego
ni en los tiros quedó fuego,
ni espada quedó en la vaina;
    hago de un cabo trinchea
en un punto, y desde allí   410
tiro, y vuelven sobre mí
balas que no habrá quien crea
    que me pudiese librar
sin milagro de otra suerte;
mas librome de la muerte   415
una alteración del mar,
    que nos dividió de modo
que, siendo en mitad del día,

agua y cielo parecía
que lo barajaba todo.   420
  Bien saben esos criados
si cumplí la obligación
de tu sobrino.

Fulgencio   Ellos son
de ti justamente honrados.
  Quiero volver a abrazarte.   425

Doña Elena   Pues que mi primo ha venido,
que con don Félix ha sido
la razón de disculparte,
  ve luego a buscalle, y di
que no se trate el concierto.   430

Fulgencio   Que lo ha de sentir te advierto,
y se ha de quejar de mí.
  Don Juan.

Inés   Señor.

Fulgencio   ¿Es sin duda
que te vienes a casar?

Inés   Si enemigos en el mar,   435
si vientos en la Bermuda,
  si deseos de tu aumento,
si ser tu sangre merece
mi prima, y lo que engrandece
tu hacienda mi casamiento,   440
  y que es de mi padre el gusto,
¿cómo lo puedes dudar?

Fulgencio	Ahora bien, yo voy a hablar
	a don Félix.
Doña Elena	Eso es justo.

Fulgencio	Apercibe, en tanto, Elena,	445
	adonde tu primo esté.	
	Hijo, luego volveré.	

(Vase.)

Inés	Id, señor, enhorabuena.	
	¡Prima de mi corazón,	
	volvedme a abrazar! No creo	450
	que en tanta gloria me veo.	

Doña Elena	Pagáis mi justa afición,	
	que añadió después que os vi,	
	primo, ese talle y valor	
	a la sangre nuevo amor.	455

Inés	¿Soy vuestro marido?
Doña Elena	Sí.
Inés	Pues ¿por qué me llamáis primo?

Doña Elena	Usase entre los señores,
	y caen muy bien los amores
	sobre un primo.

Inés	Yo lo estimo;	460
	mas, como no sé de corte,	
	y a ella vengo cual veis,	

bien será que me enseñéis
lo que a serviros me importe.
   Soy ignorante, en razón   465
de que aún las espuelas llevo;
esto acá se llama nuevo,
y en las Indias chapetón,
   y así, os ruega mi rudeza
perdonéis.

Doña Elena   Confieso, Amor,   470
la fuerza de tu rigor.
¿Hay tal bien, hay tal belleza?
   Amé a don Félix, y ahora
ya le aborrezco y desamo.

Inés (Aparte.)   Cayendo viene al reclamo   475
esta moscatel señora:
   ya don Félix se tripula.
¡Jaque deste casamiento!

Cabrera   ¿Vamos bien?

Inés   A mi contento.

Cabrera   Pues negocia y disimula.   480

(Sale Hernando.)

Hernando   El coche te aguarda ya,
si a la feria quieres ir.

Doña Elena   Más te quisiera decir
que le volvieras allá;
   mas, por no ser descortés   485

	con don Félix, vamos luego.	
Inés	Que me deis licencia os ruego, si día de feria es, que os las quiero dar.	
Doña Elena	Por veros ir en el coche conmigo, las acepto.	490
Hernando	¡Ce!, ¿a quién digo?	
Inés	Si se suele a los cocheros dar ferias también, buen hombre. al volver os las daré.	
Hernando	No es eso, ¡por Dios!	
Inés	Pues ¿qué?	495
Hernando	Tocar, a ver si sois hombre.	
Inés	¿Habéis bebido?	
Hernando	Bebí; pero por los ojos fue, que no ha una hora que os hablé, y como mujer os vi.	500
Inés	Callad, que si aquí se entiende vuestra falta, no querrán ir con vos.	
Doña Elena	¿Venís, don Juan?	

138

Inés (Aparte.)	Voy, prima. (Todo me ofende.	
	¡Que viniese Hernando aquí	505
	a traer el coche! ¡Ay, cielo!	
	Pero ¿de qué me recelo?	
	ingenio ha de haber en mí	
	para salir bien de todo.)	

Hernando	Sospecho que dice bien,	510
	que lo que mis ojos ven	
	debe de ser de otro modo;	
	que no puede ser posible	
	que sea Inés, pues me habló	
	ahora en casa, y beber yo	515
	no me parece imposible.	
	¿Pues mis ojos dónde están?	
	Pero más quiero entender	
	que he bebido que creer	
	que esta es Inés y es don Juan.	520

(Vanse, y sale Fulgencio y don Félix.)

Fulgencio	Bástame por castigo mi vergüenza.	

Don Félix	De que vos la tengáis estoy corrido.	

Fulgencio	Mi sobrino dijeron que era muerto;	
	mortales somos, túvelo por cierto:	
	los peligros del mar y los cosarios	525
	me hicieron fácil la fingida nueva;	
	él llega como veis, y a Elena pide;	
	desde las Indias por Elena viene,	
	pasando mil trabajos y fortunas,	
	que no repara en que a su padre deja;	530

que sus cien mil ducados no estimara
en lo que vuestro honor y entendimiento.

Don Félix   Yo os confieso, Fulgencio, que lo siento;
mas ¿qué se puede hacer, siendo tan justo?
Solo os pido una cosa, por mi gusto: 535
que os sirváis de aquel coche, que no quiero
que ande de boda en boda, ya que ha sido
tan desdichado como fue el romano
por el caballo que llamó Seyano:
quizá que topa en él.

Fulgencio   ¿Qué pareciera   540
que, siendo conocido, se sirviera
Elena del, creedme que lo estimo;
pero también le pesará a su primo.
Quedemos muy amigos, que os prometo
que os quiero como a hijo. El nombre aceto,   545
y decid que me tenga esa señora
en lugar de su primo desde ahora,
pues su primo me quita el de marido.

Fulgencio   El trueco es justo, y vos tan cortesano
cuanto fue menester para el suceso,   550
que me ha llegado hasta perder el seso.
Quedad con Dios.

(Vase.)

Don Félix   El cielo os guarde. Creo
que estos han conocido mi deseo;
que, ya que la venganza se resfría,
me pesara de ver a Elena mía,   555
que ya vuelve el amor de aquella ingrata,

y estoy más abrasado con su agravio;
pues replicar no quise al desconcierto,
que la dejé de su remedio falto,
como quien vuelve atrás para dar salto.   560

(Salga Lope.)

Lope   Si alguna vez me has dicho injustamente
que he tomado más vino de lo justo,
cosa que amigos y saludes pueden,
y alguno dio al beber esta disculpa,
agora justamente, señor mío,   565
me lo puedes decir, con esas nuevas.

Don Félix   Si son de que se casa doña Elena
con su primo, que de Indias ha venido,
ni lo son para mí, ni te has bebido.

Lope   Aunque serlo pudieran, son más graves.   570

Don Félix   ¿De qué manera?

Lope   Andando por la feria
con otros seis de aquestos, ya me entiendes,
de quien murmuran siempre los caballos,
que, en fin, a sus espaldas van tosiendo...

Don Félix   ¿Lacayos?

Lope   Sí, señor; vi que en tu coche   575
iba la bella Elena con su primo.
Reparé en él porque me dijo Hernando:
«Ese mozo es sobrino de Fulgencio»,
y veo que es..., ¿direlo?

Don Félix	¿Qué lo dudas?	
Lope	Gila, la sayaguesa de doña Ana.	580
Don Félix	¡Qué bien se habrá bebido esta mañana!	
Lope	¿No se lo dije yo? Pues, ¡vive el cielo, que es Gila, o que es el diablo aquel mozuelo!	
Don Félix	Anda, bárbaro, vete. Y cuando fuera posible, que tal cosa ser pudiera, había más de verla en cas de Urbano?	585
Lope	Pues ¿quién ha de ir allá?	
Don Félix	Tú, Lope hermano.	
Lope	Yo, señor, ¿a qué efeto?	
Don Félix	A que me muero. Verdad te digo, que es mi amor primero, y todas estas locas valentías han sido solo entretener los días, porque las noches todas a esa puerta me ha visto el alba, cuando el Sol despierta.	590
Lope	Que te adora doña Ana, y que ese día que le dijese yo que tú la quieres me daría la ropa y la basquiña, la toca, y aun los mismos alfileres; eso es muy cierto, pero no querría que dijeses después que culpa tengo y que fui bachiller en ir aprisa;	595 600

que se han de ejecutar con mucho espacio
los pareceres de quien ama.

Don Félix   Lope,
                     si te dijere tal, ¡Dios me destruya!

Lope   Pues mira que ha de ser la culpa tuya.

Don Félix   Digo que es mía.

Lope   Voy.

Don Félix   Pues yo te espero.   605

Lope   ¡Ya no hay Elena!

Don Félix   ¡Por doña Ana muero!

(Vanse, y salen doña Ana y Inés, en su hábito de villana.)

Doña Ana   ¡Sin seso estoy, de escucharte!

Inés   Pues todo ha pasado ansí.

Doña Ana   Ya crédito quiero darte.

Inés   Quinientos escudos di.   610

Doña Ana   ¿De ferias?

Inés   Para empeñarte
                 estos en la platería,
                 y aun le dije que esto hacía
                 con vergüenza, hasta llegar

	mis joyas, que por la mar	615
	todas las Indias traía.	
Doña Ana	¿Qué les diste a los criados?	
Inés	Doscientos, y di al cochero ciento.	
Doña Ana	Gasta, bien me agradas, que con oro comprar quiero	620
	fortunas tan desdichadas.	
Inés	¡Pues cuál queda la bobilla!	
Doña Ana	¿Enamorada?	
Inés	¡Hasta el alma!	
Doña Ana	Por única maravilla, Gila, te han de dar la palma	625
	las montañas de Castilla.	
Inés	Pues en el coche pasaron lindas cosas.	
Doña Ana	¿De qué modo?	
Inés	Los pies, sin lenguas, hablaron: allá lo imagina todo.	630
Doña Ana	¡Que esto los montes criaron! ¡No fueras hombre!	
Inés	¿Yo?	

| Doña Ana | Sí, |
| | que me perdiera por ti. |

Inés	Ya no me faltaba más,
	sino que tú, como estás,	635
	te enamoraras de mí.
	Paso por mil que me ven
	persecución desigual;
	pero es milagro también,
	que otros por quererlas mal,	640
	y yo por quererme bien.

| Doña Ana | En fin, ¿ya don Félix queda |
| | despedido, y tú casado? |

(Salga Lope.)

Lope	¿Habrá por donde entrar pueda
	un caballo descartado	645
	que vio gualdrapa de seda?

| Inés | ¿Es Lope? |

Lope	¿Es Gila? Ahora digo
	que es peligroso beber
	salud de ningún amigo.
	(¡Qué notable parecer!	650
	De lo dicho me desdigo.)

| Doña Ana | Lope, ¿es hora que nos veas? |

| Lope | El no saber castellano |
| | fue causa, si lo deseas, |

	por no te hablar africano,	655
	para que vuelvas o creas	
	que de Muley Arambel	
	a esta parte no he podido	
	venir tan presto de Argel.	

| Doña Ana | ¿Tu dueño andará perdido? | 660 |

| Lope | ¡Sí, por Dios! Y yo con él. |

| Doña Ana | ¿Cuándo fue la boda? |

| Lope | Anoche. |

| Doña Ana | Gila, ¿qué es esto? |

| Inés | Tú mientes
que hoy iba Elena en un coche
con su primo. |

Lope	¿Qué esto sientes?	665
	Pues sabe que todo es noche.	
	Y ¿de qué sirve engañarte?	
	Félix me manda que venga,	
	como que no es de su parte,	
	a que en vuestras bodas tenga	670
	otra vez industria el arte;	
	yo soy hombre sin rodeos:	
	hame mandado un vestido	
	si te digo sus deseos	
	sin que entiendas que ha tenido	675
	tu amor tan altos trofeos.	
	¡No lo entiendas, por tu vida!,	
	y hágase este casamiento.	

Doña Ana	Lope, estoy muy ofendida.
Lope	Pues sabe que es fingimiento.
Doña Ana	Pues, Lope, estoy muy perdida.
Lope	Entra, y escribe un papel;

Lope   Entra, y escribe un papel;
di que venga ese cuitado,
que entre esa puerta cruel
diez noches se le han pasado   685
durmiendo sobre el broquel.
¡Ea! ¿Qué dudas?

Doña Ana   Ahora
conozco lo que te debo,
Gila amiga.

Lope   Ven, señora.

Doña Ana ¡Qué nueva a mi padre llevo! 690
Vamos.

Lope   Don Félix te adora.

(Vanse.)

Inés   Yo he negociado desdichas,
con mi ingenio mis pesares;
de donde estaba el remedio,
mayores peligros salen;   695
o, como dijo muy bien,
en ocasión semejante,
aquel ilustre poeta

en el ingenio y la sangre:
Aquí verán mis males   700
que en vano corre el que sin dicha nace.
Nace de pequeña fuente
el humilde Manzanares,
llega el verano sediento,
las secas arenas lame;   705
tal yo, de humildes principios
quise al cielo levantarme
de un caballero que tiene
los suyos tan desiguales,
porque vean mis males   710
que en vano corre el que sin dicha nace.

(Salga Hernando.)

Hernando   No he podido antes de ahora,
                  para poder informarme,
                  dejar el coche. ¡Ay!, ¿qué veo?
                  ¿No estaba Inés con dos pajes   715
                  en la forma de su primo
                  de Elena? Puedo engañarme:
                  mas ¡cómo será que pueda
                  la Naturaleza errarse?
                  Mis enamorados ojos   720
                  estos tornasoles hacen,
                  que con frenesí de amor
                  sueña el alma disparates.
                  Inés, pues me trajo el cielo
                  a ocasión que pueda hablarte,   725
                  vuelve esos esquivos ojos.

Inés   ¡Déjame, bestia, elefante,
                  rinoceronte, león, tigre!

Hernando	Oye...
Inés	¿Quieres que te mate?
Hernando	¡Ojalá!
Inés	¡Déjame aquí! 730
Hernando	¡Inés!
Inés	Daré voces tales que la casa se alborote. Diré que fuerza me haces.
Hernando	No más, Inés; yo me voy; mas mira que has de acordarte 735 cuando el cielo te castigue.

(Vase Hernando.)

Inés	Ya me castiga, pues hace que mi don Félix se case; que en vano corre el que sin dicha nace.

(Salga don Félix.)

Don Félix	Gila, mi amor atropella 740 los agravios que tú sabes, y porque estos testimonios antes fueron para honrarme, rendido como ves, a vuestra casa me traen 745 para que tú y cuantos sirven

a doña Ana bella, a este ángel,
le pidan que me perdone.

Inés   ¡Perro!, ¿qué dices? Ya es tarde
para escuchar tus injurias,   750
para sufrir tus maldades.
No soy Gila, que Inés soy,
la villana de Getafe.
¡Tus bodas voy a impedir!

Don Félix   ¿Hay desdicha semejante?   755
¡Inés, Inés!

Inés   ¿Qué me quieres?

Don Félix   Pues yo no puedo casarme
contigo, yo te prometo
de hacer que luego te cases.

Inés   ¿Con quién?

Don Félix   Hernando, el cochero,   760
es hombre de bien, y darte
quiero con él mil escudos.

Inés   ¡Fuego del cielo te abrase!
¿Yo cochero? ¡Qué bien cumples
tus palabras desiguales!   765
¡Qué bien las obligaciones
en que te he puesto, tan grandes!
El coche me prometiste;
¿quién dirá que es engañarme
que, prometiéndome coche,   770
con el cochero me pagues?

	¡Pues justicia habrá, don Félix!
Don Félix	Oye, Inés, que es disparate tratar de justicia aquí; no me estorbes que me case, 775 pues no es posible contigo.
Inés	¿Topa en el ser desiguales?
Don Félix	En eso y en tu pobreza.
Inés	¿No sabes tú que es mi padre hidalgo, aunque labrador? 780
Don Félix	Es verdad.
Inés	Pues, cuando trates de dote, ¿quién te ha de dar el dote que puedo darte?
Don Félix	¿Tú?
Inés	Yo.
Don Félix	¿Cómo?
Inés	¿De cuarenta mil ducados es bastante? 785
Don Félix	¿De cuarenta mil ducados? ¡Loca estás!
Inés	Llega a informarte del sobrino de Fulgencio,

151

	que viene de Indias, que trae para mi dote.	
Don Félix	¿De quién?	790
Inés	De dos tíos, capitanes, que tengo en Lima.	
Don Félix	¿Quién son?	
Inés	Son hermanos de mi madre, y don Juan trae el dinero. Si yo quisiera engañarte, no había de ser con cosas que tienen prueba tan fácil. Ves, allí viene Fulgencio; haz que vaya a preguntalle a su sobrino si son los cuarenta mil cabales.	795 800
Don Félix	Con cuarenta mil escudos muy bien puede perdonarse, pues eres limpia, el jirón que te ha dado el villanaje. Si es verdad, soy tu marido.	 805
Inés	Pues con él quiero dejarte, que yo sé que verdad digo.	
(Vase.)		
Don Félix	No es posible que me engañe. ¡Vive Dios!, que si es ansí que tan grande dote trae,	810

que el hombre más bien nacido
puede con ella casarse.

(Salga Fulgencio.)

Fulgencio   A darle cuenta de mis cosas vengo
                 a Urbano, que es mi amigo, y es muy justo.   815
                 ¿Don Félix está aquí?
                                      Que hablaros tengo.

Fulgencio   Huélgome que volváis con tanto gusto
                 al amistad de Urbano.

Don Félix   No estoy sano,
                 señor Fulgencio, bien de aquel disgusto.
                 No vengo, cual pensáis, a ver a Urbano,   820
                 ni menos a su hija; a vos os quiero.

Fulgencio   ¿En qué os sirvo?

Don Félix   Sabed que al nuevo indiano,
                 a ese recién venido caballero,
                 le habéis de preguntar si trae de Lima
                 de cierto capitán algún dinero.   825

Fulgencio   ¿Hay otra cosa?

Don Félix   No.

Fulgencio   Pues con su prima
                 debe de estar; si importa, iremos luego.

Don Félix   Importa cuanto la verdad se estima.

Fulgencio	Yo voy a hablalle.

(Vase.)

Don Félix	Aquesto solo os ruego.
	Si esto no es burla, es la mayor ventura 830
	que ha sucedido por amante ciego.

(Vase, y salen doña Ana y Urbano, su padre.)

Urbano	Digo que se haga luego la escritura.
Lope	Aquí está mi señor.
Doña Ana	Hablarle puedes.
Urbano	Sí haré, pues de su amor está segura.
Doña Ana	Era razón, porque también lo quedes. 835
Urbano	Don Félix, cuanto ayer me vi corrido,
	que no osaba salir destas paredes,
	hoy me siento animoso, agradecido
	a la merced que a nuestra casa has hecho.
Don Félix	A besaros las manos he venido. 840
Urbano	Ya estoy de vuestra sangre satisfecho;
	y así, os doy a mi hija nuevamente.
Don Félix	Digna es, ¡por Dios!, de otro más noble pecho;
	y así, en otro mejor, más justamente
	la podéis emplear; yo estoy casado. 845

Urbano	Hija, ¿qué es esto?
Doña Ana	¿Luego Lope miente?
Lope	¿Que le hablase, señor, no me has rogado, y un vestido me dabas porque hiciese mudar el casamiento concertado?
Don Félix	No era razón que un ángel se le diese 850 a un nieto de Zulema. El cielo os guarde.
Doña Ana	¡Qué esta venganza entre los dos se hiciese! ¡Yo haré, alcahuete vil; yo haré, cobarde, que te corten las piernas!
Lope	¡Vive el cielo, que me engañó don Félix esta tarde, 855 y que no he de servirle!
Urbano	¡Es buen consuelo de mi vejez estas deshonras!
Doña Ana	Mira que yo te hablé con limpio y puro celo, y que los dos trazaron la mentira para tomar venganza de su afrenta. 860

Urbano	En paces quiero resolver la ira;
	   la virtud de don Pedro me contenta.
	 Yo no he de andar al paso de tu gusto,
	 ¡Loca, desvergonzada, vil, exenta!
	   ¡Con él te has de casar!

Doña Ana	Digo que es justo, 865

y que a don Pedro no merezco.

| Urbano | Acabo |

con que no me has de dar otro disgusto,
que aun no mereces un infame esclavo.

Doña Ana   Tienes razón, no puedo responderte:
don Félix se vengó.

Urbano   La industria alabo.   870

Doña Ana   La envidia ha sido causa de mi muerte.

(Salen Fulgencio y Elena.)

Fulgencio   Fui para contar a Urbano
mi buena suerte, y hallé
en su casa a Félix.

Doña Elena   Fue
quererse vengar en vano   875
de los agravios de Amor;
él quiere casarse aquí.

Fulgencio   Pesole de verme allí.

Doña Elena   Tengo por cierto, señor,
que con doña Ana se casa.   880

Fulgencio   Yo me huelgo.

Doña Elena   Ello es sin duda,
que Amor los agravios muda
en más amor.

Fulgencio	¿Está en casa mi sobrino y tu marido?
Doña Elena	Ahora de fuera viene. 885 ¡Mira qué talle que tiene!

(Salga Inés, de hombre.)

Inés (Aparte)	¡Fortuna, favor te pido para este engaño segundo!
Fulgencio	¡Sobrino!
Inés	¡Señor!
Doña Elena	¡Esposo!
Inés	¡Prima!
Doña Elena	¿Cómo estás?
Inés	Celoso 890 de aquesta cifra del mundo.
Doña Elena	¿Qué te parece Madrid, ya que en velle te inquietas?
Inés	Que lo que a las alcahuetas le ha sucedido advertid: 895 que no ganan de comer hasta haberlas azotado, que habiéndolas afrentando las han dado a conocer;

                    no menos Madrid ha sido,   900
                    pues el haberse aumentado
                    nace de haberse dejado,
                    porque sea más conocido.
                        ¡Lindas calles!

Fulgencio   Que te admires
                    es justo; casas de fama   905
                    se labran.

Inés   Si el vulgo llama
                    ángeles los albañires,
                        de los que tiene, y muy bien,
                    Madrid se puede alabar,
                    pues que por todo el lugar   910
                    tantos ángeles se ven.

Doña Elena   ¡Por las damas lo dirás!

Inés   ¿Celos?

Fulgencio   Así que dinero
                    traes de cierto caballero.

Inés   Una encomienda no más,   915
                        mas es bizarra, a la fe:
                    son cuarenta mil ducados,
                    ¡oh, son pesos ensayados!

Fulgencio   ¿Para quién y para qué?

Inés   Para un hidalgo bien pobre   920
                    de Getafe.

Fulgencio	¿Y quién, don Juan, los envía?

Inés   Un capitán:
aunque para dote sobre
     con aquella calidad,
a esto vienen dirigidos.   925

Fulgencio   Muchos hombres bien nacidos
cegará la cantidad.

(Salga un Criado.)

Criado   Don Félix te busca.

Fulgencio   A ti,
sobrino, sospecho yo.
Háblale.

Inés   Tío, eso no;   930
que no es bien que me halle aquí.
     ¿A quién casarse intentó
con mi prima he de mirar?
Ni aun él con ella ha de hablar.
Dile que aseguro yo   935
     los cuarenta mil ducados
para la Contratación,
y que le daré razón,
y cuando fueran doblados
     si es él quien los ha de haber.   940

Fulgencio   Ello fue verdad, en fin.

Inés   Vamos, prima, a ese jardín.

Doña Elena	Soy tu prima y tu mujer.	

(Vanse, y sale don Félix.)

Don Félix	El cuidado me ha traído, a saber si fue verdad.	945

Fulgencio	Toda aquella cantidad
	confiesa haber recibido.
	    Queda en la Contratación,
	y hame espantado saber
	que es dote de una mujer
	y de humilde condición,
	    cuyo padre es labrador
	de Getafe.
		950

Don Félix	Así es verdad; mas con limpia calidad y muy hidalgo señor. Hacedme placer que vea a don Juan.	955
Fulgencio	Fuera salió.	
Don Félix	Mas, pues ya estoy cierto yo de que el dinero lo sea, agravio os hago en negaros que esta hacienda es para mí y este dote.	960
Fulgencio	¿Cierto?	
Don Félix	Sí.	

| Fulgencio | El parabién quiero daros |
| | del dote y el casamiento. |

Don Félix	Y, pues ya lo habéis sabido,	965
	por hoy vuestra casa os pido,
	donde con mucho contento
	me tengo de desposar,
	porque seáis vos y Elena
	mis padrinos.

Fulgencio	Norabuena,	970
	que es también asegurar
	los celos de mi sobrino.
	A hablarlos voy.

Don Félix	¿Quién casó
	más altamente que yo?
	¡De contento desatino!	975
	Inés es limpia, ¡oh Fortuna!,
	que la diferencia es
	el llamalla doña Inés,
	que no cuesta cosa alguna.
	¿Quién pensara que por ella	980
	me viniera tanto bien?

(Salgan Lope y Hernando.)

| Lope | Yo te abonaré también, |
| | y estarás muy bien con ella. |

| Hernando | Llega, y dile que me dé |
| | licencia. |

Lope	Hablarte querría	985
	Hernando.	

Don Félix	Y hállame en día	
	que hasta el alma le daré.	

Hernando	Pues si tan contento estás	
	pide a doña Ana, señor,	
	a Gila, a quien tengo amor.	890
	Y si esta mujer me das,	
	como Lope me ha contado	
	que lo has tratado con ella,	
	yo te serviré por ella	
	mil años de esclavo herrado.	895

Don Félix	Pícaro, Gila no es	
	Gila; doña Inés se llama,	
	muy hidalga y noble dama.	

Hernando	Ya sé que se llama Inés.	

Don Félix	Esa señora lo es mía,	900
	y así se ha de obedecer	
	como mi propia mujer.	

Hernando	Señor, yo no lo sabía.	
	Perdona.	

Don Félix	Págale luego	
	y despídele.	

Lope	Señor,	905
	yo fui causa de su error.	
	Que le perdones te ruego;	

	que la tuvo en la opinión	
	que todos hemos estado.	
Don Félix	Pues con ella estoy casado.	910
Hernando	¿Esto es verdad, o invención?	
Don Félix	Lope, en casa de doña Ana	
	lleva el coche sin hacer	
	ruido que dé a entender	
	lo que yo diré mañana,	915
	y tráeme en casa de Elena	
	a doña Inés.	
Lope	Voy volando.	
	¿Irá Hernando?	
Don Félix	Vaya Hernando.	
Lope	Hernando, no tengas pena,	
	que éste es enredo.	
Hernando	Yo sé	920
	quién es Inés.	
Lope	Y yo, y todo.	
Don Félix	Yo voy para hacer de modo	
	que Inés prevenida esté.	
	Quedemos hoy desposados,	
	que es mejor mientras más presto,	925
	pues se aseguran con esto	
	los cuarenta mil ducados.	

(Vanse, y salga doña Elena y Fulgencio.)

Doña Elena	Mucho me huelgo que traiga,	
	que estaba dello ignorante,	
	mi primo el dote a don Félix.	930

Fulgencio	Él goza el dote más grande	
	que hombre de su calidad.	

Doña Elena	Debe de ser importante	
	para suplir en la novia	
	la humildad de su linaje,	935
	y heme holgado con extremo	
	que en nuestra casa se case,	
	porque asegure mi primo	
	estos celillos que trae.	

Fulgencio	¿Dónde está don Juan?	

Doña Elena	Ahora	940
	ha salido a pasearse,	
	que lo trae loco Madrid,	
	tan lleno de novedades.	

(Sale un Criado.)

Criado	Aquí está doña Ana.	

Doña Elena	¿Quién?	

Criado	La hija de Urbano.	

Doña Elena	¿Sabe	945
	que se casa ya don Félix?	

Criado	Triste viene.

(Sale doña Ana, con manto, y Escudero.)

Doña Ana	No te espantes
	que venga en esta ocasión,
	doña Elena, a visitarte.

Doña Elena	En cualquiera honras, señora,	950
	esta casa, y sin que hables,	
	conozco a lo que has venido.	

Doña Ana	Solo a ver un disparate;
	que la novia de don Félix,
	oye, por tu vida, aparte,	955
	es mi criada.

Doña Elena	¿Qué dices?
	Invención será notable.

Doña Ana	Tú verás en lo que para,
	que me ha rogado que calle,
	porque todo aqueste enredo	960
	dice que es para vengarme,
	y en extremo lo deseo.

(Salgan Ramón, Urbano y don Pedro.)

Ramón	Don Pedro viene, y tu padre.

Urbano	Todos somos conocidos.

Fulgencio	No os agradezco el honrarme,	965

	señores, pues es don Félix	
	quien a aquesta casa os trae.	
Don Pedro	Señor Fulgencio, el ser vuestra	
	ha sido la mayor parte.	
Urbano	Y el desear que esta noche	970
	se hagan las amistades	
	de don Pedro y de don Félix,	
	para que también se trate	
	otra boda que sabéis.	
Fulgencio	Téngolo a dicha notable.	975

(Salga Lope.)

Lope	Los novios piden licencia.	
Fulgencio	Ellos la tienen.	
Doña Ana	¡Que engañe	
	una ruda sayaguesa	
	hombre que suele alabarse	
	que en la corte no hay ingenio	980
	que con el suyo se iguale!	
	Pues hoy le daré a don Pedro	
	la mano para burlalle,	
	por venganza de su agravio.	
Doña Elena	¡Que en aquestas cosas falte	985
	mi primo!...	
Fulgencio	Búsquenle luego.	

Doña Elena	¡Hola! Vayan a llamarle.

(Sale don Félix y Inés, de dama; Hernando y criados.)

Inés	Muy agradecido estoy de que hayas venido a honrarme.	
Fulgencio	Vos lo merecéis, don Félix.	990
Doña Ana	Buena viene.	
Doña Elena	Hermosa y grave. Pero dime, ¿aquesto es burla?	
Doña Ana	¡Y cómo!	
Urbano	Adelante pase mi señora doña Inés.	
Doña Elena	Antes que pase adelante, otra boda se ha de hacer que por la mano le gane.	995
Fulgencio	¿De quién?	
Doña Elena	Del señor don Pedro, con licencia de mi padre.	
Urbano	Así concertado viene. Dense las manos.	1000
Don Félix	Vengarse debe de querer doña Ana, pero ya se venga tarde.	

Cumplió el cielo mi deseo.

| Urbano | Y el mío, como se abracen | 1005 |
| | don Pedro y don Félix. | |

| Don Pedro | Yo |
| | lo deseo. |

Don Félix	El cielo os guarde.
	Y, pues ya será razón
	que de mis bodas se trate,
	sabed que aquesta señora	1010
	no es Gila, que son disfraces
	con que su paciencia supo
	obligarme y conquistarme.
	Es hija de un hombre hidalgo
	de Getafe, a quien le trae	1015
	don Juan cuarenta mil pesos
	de dote con que se case;
	dos años ha que con ella
	estoy casado; esto baste
	para saber que la debo	1020
	obligaciones tan grandes.
	Así la mano le doy.

| Inés | Mi paciencia fue bastante |
| | a conquistar tanto bien. |

| Hernando | Y de fortunas iguales | 1025 |
| | te da el parabién Hernando. |

Inés	Hernando, quiero casarte
	con Julia, si mi señora
	doña Ana quiere.

Hernando	Es honrarme.	
Doña Ana	Yo gusto mucho y le doy	1030
	mil escudos. Mas no tardes	
	tanto, Inés, en esta boda,	
	que ya es bien que te declares.	

(Sale un Criado.)

Criado	Dos acémilas, señor,	
	con reposteros, plumajes,	1035
	un papagayo, una mona	
	y otras cosas semejantes	
	llegan de Sevilla ahora.	
Don Félix	Yo apostaré que me traen	
	los cuarenta mil ducados.	1040
Criado	Esta carta me dio un paje.	
Fulgencio	Muestra a ver. Don Juan se firma.	
Doña Elena	¿Don Juan?	
Inés	Aquí se deshace	
	todo mi enredo.	
Fulgencio	Así dice.	
Inés	Bien puedo ya declararme.	1045
(Lee Fulgencio.)	«Por haber llegado de la mar indispuesto, no partí con la brevedad que deseo y fuera justo. Quedo en Sevilla y a fin	

	deste seré en Madrid. Esa es mi ropa, y algunos regalos para mi prima. –Don Juan.»
Fulgencio	¿Qué es esto? ¿Cómo, en Sevilla don Juan?
Doña Ana	Porque no te canses quiero yo decir lo que es.
Fulgencio	¡Por Dios, que me desengañes!
Doña Ana	Es que en forma de sobrino 1050 tuyo, ha venido a engañarte la señora doña Inés, que don Félix, arrogante, por codicia del dinero, con demostraciones tales 1055 se ha desposado con ella; que ha sido engaño notable.
Fulgencio	Descúbrete.
Doña Elena	Estoy corrida. ¡Qué pudiese enamorarme una mujer desta suerte! 1060
Don Félix	¡Inés!
Inés	Don Félix.
Fulgencio	Ya es tarde. para enojaros, don Félix.
Don Félix	¿Desta suerte me engañaste,

traidora Inés? ¡Vive el cielo,
corrido estoy!

Inés   Que repares   1065
no en el dote, en la virtud
con que he sabido ganarte
es discreción, pues ya es hecho.

Don Félix   ¡Buen consejo!

Doña Ana   Ya el tomarle
es el último remedio.   1070

Lope   Señor.

Don Félix   ¿Qué hay, Lope?

Lope   Ya sabes
que te he servido diez años,
y que es razón que me pagues.
Líbrame algún dinerillo
en Sevilla, de mis gajes,   1075
para la Contratación,
por no aguardar a que saques
los cuarenta mil ducados.

Don Félix   Dejemos burlas aparte,
que yo he sido muy dichoso   1080
en que mi fortuna hallase
mujer de tan raro ingenio,
de tal hermosura y talle.

Lope   Pues háganse las tres bodas.

Hernando   Y cuatro conmigo.   1085

Inés   Acabe
                  con ellas, senado ilustre.

                  Fin de la famosa comedia de «La villana de Getafe»

Libros a la carta

A la carta es un servicio especializado para
empresas,
librerías,
bibliotecas,
editoriales
y centros de enseñanza;
y permite confeccionar libros que, por su formato y concepción, sirven a los propósitos más específicos de estas instituciones.

Las empresas nos encargan ediciones personalizadas para marketing editorial o para regalos institucionales. Y los interesados solicitan, a título personal, ediciones antiguas, o no disponibles en el mercado; y las acompañan con notas y comentarios críticos.

Las ediciones tienen como apoyo un libro de estilo con todo tipo de referencias sobre los criterios de tratamiento tipográfico aplicados a nuestros libros que puede ser consultado en Linkgua-ediciones.com.

Linkgua edita por encargo diferentes versiones de una misma obra con distintos tratamientos ortotipográficos (actualizaciones de carácter divulgativo de un clásico, o versiones estrictamente fieles a la edición original de referencia).

Este servicio de ediciones a la carta le permitirá, si usted se dedica a la enseñanza, tener una forma de hacer pública su interpretación de un texto y, sobre una versión digitalizada «base», usted podrá introducir interpretaciones del texto fuente. Es un tópico que los profesores denuncien en clase los desmanes de una edición, o vayan comentando errores de interpretación de un texto y esta es una solución útil a esa necesidad del mundo académico.

Asimismo publicamos de manera sistemática, en un mismo catálogo, tesis doctorales y actas de congresos académicos, que son distribuidas a través de nuestra Web.

El servicio de «libros a la carta» funciona de dos formas.

1. Tenemos un fondo de libros digitalizados que usted puede personalizar en tiradas de al menos cinco ejemplares. Estas personalizaciones pueden ser de todo tipo: añadir notas de clase para uso de un grupo de estudiantes, introducir logos corporativos para uso con fines de marketing empresarial, etc. etc.

2. Buscamos libros descatalogados de otras editoriales y los reeditamos en tiradas cortas a petición de un cliente.

* 9 7 8 8 4 9 8 1 6 2 0 0 4 *